10대와 통하는 사찰 벽화 이야기

10대와 통하는 사찰 벽화 이야기

제1판 제1쇄 발행일 2014년 5월 6일
제1판 제4쇄 발행일 2018년 4월 11일

글 _ 강호진
그림 _ 돌 스튜디오
기획 _ 책도둑(박정훈, 박정식, 김민호)
디자인 _ 토가 김선태
펴낸이 _ 김은지
펴낸곳 _ 철수와영희
등록번호 _ 제319-2005-42호
주소 _ 서울시 마포구 월드컵로 65, 302호(망원동, 양경회관)
전화 _ (02)332-0815
팩스 _ (02)6091-0815
전자우편 _ chulsu815@hanmail.net

© 강호진, 돌 스튜디오 2014

ISBN 978-89-93463-54-5 43220

철수와영희 출판사는 '어린이' 철수와 영희, '어른' 철수와 영희에게
도움 되는 책을 펴내기 위해 노력하고 있습니다.

10대와 통하는
사찰 벽화
이야기

눈으로 보고 마음으로 읽는 16가지 불교 철학

강호진 글 | 돌 스튜디오 그림

철수와영희

제게 한없는 사랑을 주시고 떠나신 할아버지와 할머니,
그리고 어릴 적엔 제게 동화책을 읽어주셨고,
지금은 제 책을 즐겁게 읽으시는 독실한 천주교인인 고모님께

벽화 속에서
무궁무진하게 펼쳐지는
불교적 사유

한국의 오래된 사찰은 우리 민족의 전통적 사유와 예술이 녹아 있는 대표적인 공간 가운데 하나입니다. 비록 불교를 종교로 가지고 있지 않더라도 한국인의 세계관과 예술관을 알려는 사람들이 자연스레 사찰을 찾게 되고, 학생들의 수학여행 일정에도 사찰 탐방이 빠지지 않고 포함되는 것도 바로 이런 이유 때문입니다.

우리는 사찰에서 많은 것을 만나게 됩니다. 국보나 보물로 지정된 불상의 장엄함, 불상 뒤에 모시는 후불탱화의 화려함, 비바람을 견디며 천년을 넘게 서 있는 석탑과 석등의 강인함, 선인들의 건축미가 오롯이 담겨 있는 오래된 법당(전각)들의 수려함, 그리고 나무나 청동 또는 유리 등으로 만들어진 불교 공예품의 섬세함 등이 우리가 사찰에서 발견하게 되는 아름다움입니다. 하지만 사찰의 모든 것이 관심과 애정의 대상이 되는 것은 아닙니다. 사찰을 찾은 이들을 가장 먼저 반겨주지만 우리가 무심하게 지나쳐버리는 것이 바로 사찰 외벽에 대충 그려진 듯 보이는 벽화입니다. 전각 외벽에 그려진 벽화들에선 뛰어난 예술성도 찾기 어렵고 유구한 역사성도 발견하기 어려워 그저 텅 빈 공간을 메우기 위한 장식 정도로 취급받기 일쑤이지만, 사찰 벽화는 의외로 아주 오랜 역사와 중요한 의미를 지니고 있습니다.

사찰이나 사원의 벽에 무언가를 그려서 장식하기 시작한 때는 불상이 등장한 시기보다 앞섭니다. 성스러운 붓다를 구체적인 형태로 표현할 수 없다는 생각이 오랫동안 인도 불교인들을 묶어놓았기에 불상은 석가모니가 입멸(入滅)한 지 500년이 지나서야 비로소 조성됩니다. 반면에 사찰 벽화는 이런 관념에서 다소 자유로운 편이었습니다. 『근본설일체유부비나야잡사』에는 석가모니의 지시로 기원정사(祇園精舍)에 여러 그림이 그려졌다고 전합니다. 석가모니가 벽화를 그리라고 직접 지시했다는 기록을 문자 그대로 믿기는 어렵지만, 적어도 기록을 통해 우리는 이 율장(律藏)이 성립된 기원전 2~3세기에는 인도의 사원 벽에 벽화들이 활발히 그려지고 있었음을 알 수 있습니다.

한국에서도 삼국시대부터 사찰 벽화가 활발히 그려지기 시작해 고려시대를 거치면서 화려한 꽃을 피웠으리라 여겨집니다. 신라 화가 솔거가 황룡사 전각 외벽에 노송을 그렸더니 참새들이 진짜 나무인 줄 알고 날아와 부딪쳤다는 유명한 일화나 현재 남아 있는 고려 불화(佛畵)의 눈부신 아름다움을 통해 이런 사실을 간접적으로나마 유추할 수 있습니다. 왜 유추할 수밖에 없는가 하면, 현재 신라시대는 물론이거니와 고려시대까지 거슬러 올라가는 사찰 벽화가 거의 남아 있지 않기 때문입니다. 벽화는 불상이나 탱화와 달리 외부에 노출된 그림이라 비바람에 깎이고 지워지는 것을 피하기가 어렵고, 벽을 뜯어내지 않고는 보존하기 힘들다는 것이 오래된 벽화가 남아 있지 않는 주된 이유이겠지만 이외에도 다른 비밀이 있습니다.

먼저 사찰이 불화를 처리하는 일반적인 관행입니다. 사찰에서는 오래전부터 법당 안을 장식하는 후불탱화조차 교체를 할 때는 기존의 것을 불태웠습니다. 이는 승려들이 불화를 가볍게 여겨서가 아니라 도리어 소중하게 여겼기 때문입니다. 불보살이 담긴 그림을 폐기할 때는 깨끗하게 불태워서 흔적을 남기지 않는 것이 최대한의 존중이라고 보았던 것이죠. 마치 우리나라의 상징인 태극기가 훼손된 경우 쓰레기통에 버리거나 따로 보관하는 것이 아니라 불태워서 처분하는 것과 같은 맥락입니다. 그러므로 빛이 바래서 벽화를 다시 그려야 할 경우 기존의 것을 말끔히 지우고 그 위에 새롭게 덧칠을 한 것은 당연한 일이었습니다.

형상이나 겉으로 드러난 현상에 고착되거나 집착하는 것을 꺼리는 불교적 사유도 벽화가 보존되지 못한 숨은 이유 중 하나입니다. 불교가 형상을 통해 진리를 드러내고 가르침으로 이끄는 것을 거부하지는 않지만, 형상 자체를 신비화해서 맹목적으로 숭배하거나 하나의 객관적인 예술품으로 고착시키는 것에는 호의적이지 않기 때문입니다.

이와 같은 사정들로 인해 사찰의 외벽에 그려진 벽화들은 보존되기 어려웠고, 근대에 그려진 예술성 있는 벽화들마저도 그저 사진으로만 남아 있는 경우가 허다합니다. 여러분이 이 책에서 보게 될 벽화 또한 10여 년의 세월이 흐른 뒤에 그 자리에 여전히 남아 있을지 장담하기 어렵습니다. 이런 측면에서 사찰 벽화는 근현대에 들어서 보존에 열심인 불상이나 탱화에 비해 찰나의 미학을 품고 우리에게 잠시 왔다가 사라지는 불교미술이 아닐까 생각합니다.

이러한 찰나적인 면모를 지닌 사찰 벽화를 이 책의 중심에 놓게 된 연유는 두 가지입니다. 하나는 현대에 그려진 사찰 벽화들이 우리가 살고 있는 이 시대의 불교예술과 불교문화의 수준을 즉각적으로, 또 꾸밈없이 반영하고 있다는 사실입니다. 그래서 이 책에서는 예술성이 뛰어나거나 고풍스러운 옛 벽화 사진들을 싣기보다는 우리가 사찰에 가면 바로 만날 수 있는 벽화들로 채우려 했습니다.

또 한 가지 이유는, 사찰 벽화는 그 자체만으로 불교 공부에 훌륭한 재료가 되기 때문입니다. 벽화에 경전, 역사, 사상 등이 풍부하게 녹아 있기에 한 가지만 건져 올리더라도 다른 것은 자연스레 딸려 올라옵니다. 벽화는 설명 없이 그림으로만 압축되어 있어서 일반인들은 그 의미를 선뜻 이해하기 어렵지만 벽화에 숨겨진 이야기부터

차근차근 해나가다 보면 재미있고 풍성하게 불교를 만나는 계기가 될 수 있으리라 생각합니다. 그래서 현재 보기 힘든 벽화일 경우는 그 내용의 중요성과 풍부함 때문에 그림으로 대체해서 수록한 것도 있습니다.

　이 책은 각 장마다 '벽화'와 벽화에 담긴 '이야기', 그리고 이야기 속에 담긴 불교적 의미와 현상들을 조명하는 '해석' 세 부분으로 구성되어 있습니다. 때에 따라서는 앞의 두 부분만 떼어서 불교 이야기가 담긴 벽화 그림책으로 활용하는 것도 무방할 것입니다. '이야기' 다음에 덧붙인 '해석'은 사찰 벽화의 주제와 직접적으로 맞닿아 있는 것을 설명하기보다는 확연히 드러난 주제 이면에 감추어진 고갱이를 톺아보는 데 주안점을 두었습니다. '해석'은 교리문답식 지식의 전달이 아닌 우리의 일상적 경험과 불교사상을 접목시키는 방식을 택했습니다. 이 책에서 가장 힘을 실은 부분이 바로 '해석'인데, 벽화 속의 이야기들이 단순한 지식이나 정보 전달 차원에 머물지 않고 어떻게 우리의 일상과 직접적으로 만날 수 있는가 하는 고민이 담겨 있습니다.

어떤 책이든 홀로 존재할 수는 없습니다. 불교적 사유에 의하면, 세상에 홀로 자성(自性: 실체)을 지니고 존재하는 것은 없습니다. 이를 불교에서는 '연기법' 혹은 '인연법'이라 합니다. 인(因)과 연(緣)이 만나야만 결과(果)를 형성하기 때문입니다. 이 책 또한 그러합니다. 여기에 담긴 불교적 사유와 해석들(因)이 현명한 독자들과의 만남으로 인해 공감과 행동으로 이어질 때(緣) 비로소 이 책의 존재 의미가 생겨날 것(果)이라 믿습니다. 책을 완성하는 것은 늘 그렇듯 독자 여러분입니다.

2014년 5월
강호진 두 손 모음

차례

이 책을 읽은 분들에게

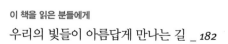

마음과 같이 부처도 그러하고
부처와 같이 중생도 그러하니
마음과 부처와 중생
이 셋은 차별이 없다.
_『화엄경』

솥을 아홉 번 건 청년

신라 때 비단을 팔러 다니는 등짐장수 청년이 있었는데 장사 수완이 꽤 좋아서 큰돈을 벌어들였다. 어느 무더운 여름날, 청년은 장사를 하러 가기 위해 지금의 강원도 대관령을 넘다가 고갯마루에서 너덜거리는 누더기를 입은 늙은 승려와 마주치게 되었다. 삐쩍 마른 체구에 일흔 살을 넘긴 듯한 노승은 길 가운데 고목나무처럼 꼼짝 않고 서서 따가운 햇살을 온몸으로 받아내고 있었다. 그 모습이 의아했던 청년은 가던 길을 멈추고 길가 바위 위에 앉아 노승의 모습을 찬찬히 살피기 시작했다. 노승은 우두커니 서서 가끔 얼굴을 찡그리며 웃는 건지 우는 건지 모를 표정을 짓고 있었

구정 선사의 이야기는 육조(六祖) 혜능 선사의 이야기와 닮은 구석이 있습니다. 중국의 선(禪) 불교를 화려하게 꽃피운 육조 혜능은 "응당히 머무르는 바 없이 그 마음을 내라(應無所住 而生 其心)"라는 『금강경』의 구절을 듣고 오조(五祖) 홍인 대사 밑으로 출가하는데, 그가 절에서 한 일은 본격적인 불교 수행이 아닌 방아를 찧는 허드렛일이었습니다. 그 와중에 혜능은 스승 에게 깨달았다는 인가를 받게 됩니다. 〈합천 해인사〉

다. 한동안 노승을 살피며 땀을 식힌 청년은 호기심을 참지 못하고 다가가 조심스레 물었다.

"스님, 여기서 뭘 하고 계신 겁니까?"

노승은 청년을 보더니 담담하게 말했다.

"잠시 중생들에게 공양[1]을 시키고 있네."

청년은 주변을 돌아보았지만 아무도 없어 다시 물었다.

"스님, 중생이라니요? 여긴 스님과 저 말고는 아무도 없는뎁쇼."

"으음, 공양이 다 끝나가네. 조금만 기다리게."

노승은 잠시 후 장삼 속에 가려져 있던 가느다란 팔뚝을 청년에게 불쑥 내밀었다. 노승의 팔뚝에는 벌겋게 부풀어오른 자국이 뒤덮여 있었다. 청년이 놀라 물었다.

"스님, 이건 이한테 물린 자국이 아닙니까? 어찌 이렇게 되도록 내버려두셨습니까? 옷을 벗으세요. 제가 잡아드리겠습니다."

"괜찮네. 자비문중[2]의 사문(沙門)[3]이 어찌 이라고 해서 함부로 죽일 수 있겠나? 이도 생명이거늘 더불어 살아야지."

"그럼 우두커니 서 계신 건 왜 그러셨습니까?"

"이보게, 자네가 밥을 먹을 때 땅이 움직이면 밥이 잘 넘어가겠

---

1   공양은 본디 부처님이나 보살들의 지혜와 덕을 찬탄하며 음식이나 물건을 올리는 행위를 의미하지만, 절집에서는 매끼마다 먹는 식사를 공양이라 부르기도 합니다.
2   자비를 기치로 하는 수행 집단.
3   인도 전통 종교의 경전인 『베다』의 가르침에 의지하지 않고 출가해서 떠돌아다니며 독립적으로 진리를 탐구하는 구도자나 수행자들을 의미합니다. 불교에서는 불문에 들어가서 수행을 하거나 도를 닦는 승려를 지칭합니다.

나? 마찬가지로 내가 움직이면 신나게 공양을 하는 이들도 힘들 것 아닌가? 이제 녀석들도 배가 충분히 부른 듯하니 갈 길을 가야겠네."

청년은 그길로 메고 있던 등짐을 풀숲에 던져버리고 몰래 노승의 뒤를 밟아 오대산 관음암까지 따라 올라갔다. 관음암에 이르자 청년은 노승의 소매를 붙잡고 간청했다.

"스님, 제가 드디어 가야 할 길을 찾은 것 같습니다. 저를 제자로 받아주십시오. 스님과 함께 불도를 닦으며 모든 중생을 위해 살고 싶습니다."

노승은 인자한 미소를 짓더니 청년이 불문(佛門)에 드는 것을 허락했다.

다음 날, 노승은 행자⁴가 된 청년을 아침 일찍 부엌으로 부르더니 아궁이 위에 큰 솥을 걸라고 말했다. 청년은 노승이 시키는 대로 정성을 다해 흙과 짚을 섞어 반죽한 후 솥을 아궁이에 잘 걸어두었다. 청년은 자신이 일을 매끄럽게 잘 처리했음에 만족해하며 다음 날 노승을 부엌으로 모셨다. 그러나 노승은 뭔가 못마땅한 표정을 짓더니 솥을 떼어내고 다시 걸라고 시켰다. 청년은 군말 없이 솥을 떼어낸 후 아궁이를 새로 만들기 시작했다. 그렇게 또 하루가 지나고 다음 날 노승이 부엌에 들렀다.

"삐뚤다, 삐뚤어. 솥을 다시 걸어라."

4　사찰에서 허드렛일을 맡아 하는 사람으로, 출가를 하면 사미계나 비구계를 받기 전에 이 시기를 거칩니다.

노승은 냉랭하게 말하고는 자리를 떴다. 청년은 이번에도 아무런 말 없이 노승의 명에 따라 솥을 떼어내고 다시 흙 반죽을 해서 반듯하게 걸어놓았다. 그러나 다음 날에는 노승으로부터 불호령이 떨어졌다.

"이놈! 이걸 솥이라고 걸어놓은 것이더냐? 맹인도 네놈보단 반듯하게 걸겠다."

노승은 아직 덜 마른 아궁이에 걸린 솥을 발로 밟아 뭉개버렸다. 청년은 다시 솥을 걸었고, 그때마다 노승은 매번 트집을 잡아 솥을 다시 걸라고 시켰다. 이렇게 솥을 떼고 걸기를 아홉 번이나 반복한 뒤에야 노승이 청년을 불렀다.

"이번에는 제대로 걸었구나. 이제 너에게 법명을 주어야 할 터인데, 솥을 아홉 번이나 다시 걸었으니 구정(九鼎: 아홉 개의 솥)이라 하여라."

이후 청년은 열심히 불도를 닦아 구정 선사라 불리는 큰 선지식(善知識)[5]이 되어 명성을 크게 떨쳤다.

---

5   불교에서 깨달음으로 이끌어주는 스승을 의미합니다.

'그리고'와 '그러나'의 차이

이란의 압바스 키아로스타미 감독의 영화 가운데 〈그리고 삶은 계속된다〉(And Life Goes on)라는 작품이 있습니다. 이 감독이 만든 작품의 특징은 극영화와 다큐멘터리의 경계가 모호하다는 것입니다. 전문 배우들을 쓰기보다는 촬영 현지의 아이들과 주민들을 섭외해서 영화를 만들다 보니 연기의 순박함과 상황의 사실성이 매우 뛰어납니다. 그의 영화는 뮤직비디오처럼 현란하게 순간순간 장면이 바뀌는 것이 아니라 마치 무심한 관찰자와 같은 카메라가 한 장면을 5분 이상 비추기도 합니다. 이것을 영화 용어로는 롱 테이크(long take)라고 하죠. 흥미진진한 장면들로 가득 찬 영화들을 보다가 이런 영화를 보면 대개 지루하다고 느끼기 십상입니다. 하지만 이런 영화는 볼거리로 가득 찬 영화에 비해 우리의 평범한 삶에 조금 더 밀착되어 있습니다. 우리가 일상에서 경험하는 삶은 현란하고 자극적인 재미로 짜인 것이라기보다는 약간은 지루하고 평범한 롱 테이크에 가까우니까요. 현실에서 보기엔 불가능한 슈퍼 영웅들과 특수 효과로 무장한 영화가 일상으로부터 벗어난 쾌감을 선사하는 장점이 있다면 압바스 키아로스타미 감독의 영화는 우리의 삶을 있는 그대로 다시금 들여다볼 수 있게 해주는 미덕을 지닙니다.

〈그리고 삶은 계속된다〉는 실제로 1990년 대지진이 나서 붕괴된 이란의 현장을 배경으로 합니다. 이 영화는 압바스 키아로스타미 감독이 이전에 찍은 〈내 친구의 집은 어디인가〉의 촬영지와 그때 영화에 출연했던 현지 아이들과 주민들의 생사를 확인하기 위해 다시 찾아 나서는 장면을 다큐멘터리처럼 담아내고 있습니다. 모래바람과 폐허가 된 지진 현장을 배경으로 감독이 말하고자 했던 것은 무엇이었을까요? 바로 자연재해로 모든 것을 잃어버린 사람들의 상실감과 절망의 모습이 아니라 그 속에서도 삶을 계속해서 살아가는 사람들의 건강한 일상이었습니다. 그런데 이 영화에서 특별히 저의 관심을 끌었던 것은 영화 제목이 왜 '그러나(but)'가 아니고 '그리고(and)'로 시작되는가 하는 것이었습니다. 이 사소한 말의 차이가 삶의 전반적 태도에 대한 커다란 차이를 가져옵니다.

'그리고'라는 말에는 삶의 심원한 연속성이 깔려 있는 반면에 '그러나'에는 앞부분과의 단절이 있습니다. '그리고'가 재난과 불행조차도 삶의 일부분으로 인정하는 태도에 가깝다면 '그러나'는 재앙이나 좌절을 삶의 일시적 현상으로 보는 태도입니다. '그리고'가 원숙한 눈길로 삶의 모든 부분을 포용하는 말이라면 '그러나'에서는 저항의 힘이 느껴집니다. 압바스 키아로스타미 감독은 세계 4대 문명 가운데 하나인 메소포타미아 문명을 일으킨 이란인들(인류)의 장구한 역사에 대한 신뢰와 자부심을 지니고, 과거의 인류가 수많은 갈등과 파괴 속에서도 여전히 살아남아 삶을 이어왔듯이 현재의 인류도 그처럼 삶을 이어가리라고 확신하고 있었습니다. 그렇기에 그는 대지진이란 자연재해와 평온한 삶이 '그러나'로 단절된 것이 아니라 '그리고'라는 삶의 연속선상에서 이해해야 한다는 통찰을 제목과 영화 속에 녹여낸 것으로 보입니다.

'그러나'와 '그리고'를 벽화에 등장하는 이야기와 연관해보자면, 자신이 정성스럽게 만들어 건 솥을 다시 만들라고 스승이 혼을 낼 때마다 청년이 '스승이 부당하게 나를 혼내고 있다. '그러나' 나는 견딜 것이다'라고 생각했다면 솥을 아홉 번이나 반복해서 걸 수 있었을까요? 아마 서너 번이면 참을 만큼 참았다고 생각하거나 지쳐서 솥을 엎어버리고 다시 세속으로 돌아갔을지도 모릅니다. 그러나 그 청년은 '솥을 거는 것은 수행의 일부분이다. 솥이 엎어지는 것도 수행의 일부분이다. '그리고' 나는 그 수행을 하고 있다'라고 생각했기에 아홉 번이나 솥을 걸지 않았을까요? 이렇게 보자면 불교에서 대승보살[6]의 수행 가운데 하나라고 말하는 인욕(忍辱)[7]의 진정한 의미는 무엇이든 무작정 참는 미련한 견딤을 뜻하는 것이 아니라 역경에 처해서도 스스로를 설득시킬 수 있는 지혜와 부분이 아닌 전체를 꿰뚫어보는 통찰을 의미하는 것이라 할 수 있습니다.

그런데 우리는 너무 쉽게 빛나는 순간들로만 인생을 채우려는

---

6 대승불교에서 수행을 하는 사람. 위로는 깨달음을 구하고, 아래로는 중생을 살피는 구도자.
7 상대방이 가하는 멸시나 욕됨을 참음. 불교에서는 마음을 가라앉혀 온갖 욕됨을 참고 원한을 일으키지 않는 것을 의미합니다.

욕심을 지니고 있습니다. 좋은 성적, 명문대 합격, 연애의 시작, 사회적 성공, 안정적이고 낭만적인 결혼 등 행복한 '순간'들을 미리 예정해놓고 이것을 채워나가는 것이 진정한 삶이라고 여깁니다. 이러한 태도는 동화에서 항상 "그래서 그들은 결혼해서 영원히 행복하게 살았습니다"로 서둘러 마무리되는 것에 대해 일말의 의심도 없이 그 달콤한 말에만 탐닉하는 것과 별반 다를 바 없습니다. 일류 대학에 합격하고, 좋은 회사에 들어가고, 남들이 부러워할 만한 배우자를 만나 결혼을 하더라도 삶은 거기서 완결되지 않습니다. 진정으로 우리가 빛을 내고 채워나가야 하는 것은 다소 평범하고 지루하게 보일 수도 있는 그 이후의 일상들입니다.

그래서 인생을 불꽃놀이처럼 빛나는 결과들의 조합으로 파악하는 조급증이 아니라 하나의 거대한 과정으로 바라보는 구정 선사와 같은 지혜가 필요한 것일지도 모르겠습니다. 그러니 순간에 기뻐할 이유도 없고 슬퍼할 이유도 없습니다. 이것이 바로 '그리고'와 롱 테이크의 관점으로 바라본 인생일 것입니다.

02
불교의 다양성

부처님이 백골에
절한 이유

석가모니 부처님이 제자들을 이끌고 남쪽 지방으로 법을 전하러 내려가다 우연히 사람의 유골이 수북이 쌓인 채 길가에 방치된 것을 보곤 발걸음을 멈추었다. 석가모니는 잠시 안쓰러운 표정을 짓더니 유골이 있는 쪽으로 성큼성큼 발걸음을 옮겨 공손하게 무릎을 꿇고는 이마를 바닥에 대며 유골을 향해 절을 했다. 이 모습을 본 제자들은 영문을 몰라 괴이하게 여겼지만 아무도 입을 열지 못했다. 천신들과 인간들의 스승이자, 모든 번뇌와 괴로움을 끊은 자유로운 사람인 붓다가 길가에 아무렇게나 버려진 연고도 알 수 없는 유골에 이렇게 예를 다하는 모습은 제자들에겐 큰 충

효의 문제는 중국에서 불교와 유교가 부딪히게 되는 중요한 쟁점이었습니다. 그래서 중국 불교가 토착의 유교사상과 외래의 불교적 사상을 융합해서 만들어낸 경전이 『부모은중경』 입니다. 불교에서 지역과 문화적 배경을 무시하고 순수한 불교의 고갱이를 찾으려는 시도 는 덧없습니다. 모든 것이 서로 의지해서 일어나고 섞이고 흘러들어 가 모이는 것이 불교입 니다. 〈합천 해인사〉

격이었다. 이때 석가모니 부처님을 가장 가까이에서 모시던 아난이 대중의 의문을 풀고자 부처님께 여쭈었다.

"세존이시여, 여래(如來)[8]께서는 모든 세계의 큰 스승이시며, 뭇 생명들의 자비로운 아버지이시며, 마땅히 공양과 존경을 받아야 하는 귀한 분이신데, 어찌하여 이런 뼈 무더기에 절을 하십니까?"

절을 마친 석가모니 부처님이 아난을 보며 말했다.

"네가 내 곁에서 가장 많은 법문(法門)[9]을 들었고 또 암송할 수는 있다만, 아직 불법의 심오한 뜻을 제대로 파악하지는 못했구나. 아난아, 네가 이 자리에 아난이란 이름으로 있기까지 그 이전의 생을 헤아릴 수가 있겠느냐?"

"아닙니다, 부처님. 시작도 끝도 없는 이 세계에서 제가 어떤 모습과 어떤 이름으로 나고 죽길 반복해서 이 자리에 있는지 어찌 알겠습니까?"

"그렇다면 수없이 나고 죽길 반복하는 과정에서 너의 부모가 과연 한두 분이었겠느냐?"

"아닙니다. 아마 갠지스 강가의 모래알만큼이나 많은 부모의 씨앗과 태를 빌려 이 자리에 왔을 것이옵니다."

"그렇다면 네가 전생에 내내 사람이었겠느냐, 아니면 가축이나 짐승이었겠느냐?"

---

8 '진리로부터 온 사람' 혹은 '진리에 도달한 사람'을 의미합니다. 흔히 이 두 가지 뜻을 모두 담아 '여래여거(如來如去)'라 번역하기도 하고, 간단히 줄여서 '여래'라 부르기도 합니다. 결국 여래란 '깨달은 이'인 붓다를 의미합니다.

9 붓다의 가르침.

"아마도 수많은 생을 거치면서 가축이나 짐승으로 태어나기도 했을 것이옵니다."

"네 말대로라면 이 세상에 생명 있는 것 가운데 사람이나 짐승을 가리지 않고 너의 부모가 아니었다고 자신 있게 말할 만한 존재가 있겠느냐?"

"참으로 그렇게 말하기 어렵습니다. 세상에 살아 있는 모든 존재는 제 부모였거나 저와 형제였거나 친척이었을 수도 있습니다."

"그렇다면 이렇게 오랫동안 버려진 이 유골들 가운데 전생의 부모나 조상의 유골이 없다고 감히 말할 수 있겠느냐?"

"그렇게 말할 수 없습니다."

"그렇다면 내가 왜 이 뼈 무더기에 절을 올렸는지 알겠구나? 나는 내 조상과 부모의 유골을 보며 예를 올린 것이다. 그들의 몸을 빌려 세세생생(世世生生)[10] 윤회하다 이번 생에 인간으로 태어나 모든 번뇌와 갈망을 벗어던진 깨달은 이가 되었으니 내가 감사히 예를 올려야 마땅하지 않겠느냐? 그런데도 내 행동을 보고 의심스러워하는 너희들은 아직 공부가 모자람을 부끄러워해야 할 것이다."

이 말에 대중들이 부끄러워하며 묵묵히 고개를 끄덕이는데, 부처님이 아난에게 물었다.

"너는 이 뼈 무더기 가운데 남자의 뼈와 여자의 뼈를 나눌 수 있겠느냐?"

---

10 윤회의 굴레를 벗어나지 못하고 업력으로 인해 여러 세상에 태어나서 죽고 죽어서 다시 태어나는 일.

아난이 정색하며 대답했다.

"그건 어렵습니다. 남녀라는 것이 살아 있을 때 화장과 입은 옷, 음성과 행동을 보고 아는 것인데 어떻게 이 오래된 뼈 무더기에서 남녀를 식별할 수 있단 말입니까?"

"아니다, 아난아. 뼈만 보고도 남자와 여자를 알 수 있느니라. 남자는 살아 있을 때 아이를 키우는 고생을 그리 많이 하지 않아 뼈가 희고 무겁다. 그러나 여자는 아이를 낳고 키우면서 피를 흘리고 젖을 물리는 통에 뼈의 진기가 다 빠져나가 남자의 뼈보다 검고 가볍다. 이것이 바로 우리를 낳아주신 어머니들의 고통이자 노고이다."

그 말을 들은 아난이 가슴이 에이듯 아프고 비통스러워 부처님께 여쭈었다.

"그렇다면 그토록 크고 무거운 어머니의 은혜를 어떻게 갚아야 하겠습니까? 저희를 위해 설해주시옵소서."

"아난아, 이제 내 너를 위해 자세히 설할 테니 자세히 듣고 또 새겨서 들어라. 어머니가 아이를 배면 열 달 동안 산고가 이루 말할 수 없느니……."

굴러온 돌과 박힌 돌

이 벽화의 이야기는 『부모은중경』의 도입부입니다. 『부모은중경』
이란 경전은 생소할지 모르지만 본문에 등장하는 다음과 같은 구절
은 분명 어디서 한번 본 듯한 느낌이 있을 것입니다.

출산의 고통을 감내한 은혜, 자식을 낳고 근심을 다 잊은 은혜, 쓴 것은 삼
키고 단 것은 뱉어서 먹여주신 은혜, 진자리 마른자리 갈아 눕히신 은혜,
젖 먹여 길러주신 은혜, 손발이 닳도록 씻겨주신 은혜.

아마도 "나실 제 괴로움 다 잊으시고, 기를 제 밤낮으로 애쓰는
마음"으로 시작되는 〈어머니 마음〉이란 노래가 자연스레 겹쳐질
것입니다. 스스로 국보(國寶)라고 칭하고 다녔던 향가 연구의 권위자
양주동 선생이 이 노래를 작사하면서 모티프를 얻은 것이 바로 『부
모은중경』이었습니다.

그런데 『부모은중경』은 석가모니가 살았던 인도에서 찬술된 경
전이 아닙니다. 원래 제목은 '불설부모은중경'으로 '불설(佛說: 부처님

이 설하셨다'을 앞에 붙여서 마치 석가모니 부처님의 실제 말씀을 옮긴 것처럼 만들었지만 실은 석가모니가 가르친 말씀과는 직접적인 관련 없이 중국에서 자체적으로 만든 경전입니다. 이런 것을 '위경(僞經: 가짜 불경)'이라 부릅니다. 또 위경이란 말은 석가모니가 직접 말씀하신 것을 옮겨놓은 경전이 아니라 후대에 만들어진 경전이란 뜻을 포함하고 있는데, 이런 엄격한 기준으로 보자면 대승불교의 많은 경전이 위경입니다.

현재 한국 조계종의 소의경전[11]으로 지칭되는 『금강경』이나 『화엄경』도 이 기준으로 보면 위경이라고 할 수 있습니다. 이러한 경전들은 석가모니가 열반에 든 지 400~500년 후에 인도나 중앙아시아

---

11 종파의 근본이 되는 경전.

에서 찬술되거나 편집된 경전이기 때문입니다. 그러나 아무도 『금강경』이나 『화엄경』을 위경이라고 하지 않습니다. 그 이유는 위경을 가르는 기준이 '석가모니가 직접 하신 말씀인가'에서 '인도에서 찬술되었는가'의 문제로 변경되었고, 위경을 판별하는 폭도 더욱 넓어져서 언제 어디에서 찬술되었든 간에 석가모니의 핵심적 가르침이 녹아 있다면 불경이라 보기 때문입니다.

'부모은중경' 즉 '부모의 은혜를 중히 여기는 경'이란 제목에서 보듯이 이 경전에는 효에 관한 내용이 주를 이루고 있습니다. 효라 하면 유교가 떠오르듯, 『부모은중경』은 인도의 불교사상이 중국에 수입된 후에 유교의 영향을 받아서 탄생한 경전입니다. 이러한 내력과 내용이 담긴 경전이라 불교를 천시하던 조선시대에도 『부모은중경』은 국가 차원에서 간행되거나 받들어졌고, 언해본(諺解本: 한글 번역본)과 변상도(變相圖: 경전의 내용을 그림으로 나타낸 것)는 민중들에게 급속히 전파되었습니다. 유교적 군주 국가를 꿈꾸었던 정조가 아버지 장헌세자(사도세자)의 명복을 빌기 위해 수원에 용주사를 짓고 거기에 『부모은중경』을 봉안한 것이 상징적인 예입니다.

그렇다면 중국에선 왜 이런 가짜 경전들이 유행하게 되었을까요? 모든 외래문화의 수용이 그렇듯이 불교가 중국에 상륙했을 때 중국에서는 자국의 문화에 피해를 입히니 불교를 배척하자는 쪽과 불교는 좋은 것이니 받아들이자는 쪽의 논쟁이 발생했습니다. 특히 출세간의 법을 따르는 승려가 세속의 통치자인 왕에게 절을 해야 하는가의 문제나 처자식과 재산을 버리고 출가를 하는 일 등은 국정을 운영하는 사람들 입장에서는 매우 민감한 사안이었습니다. 세금과 부역의 대상이 되는 장정들이 출가를 통해 자꾸만 사회에서 이탈하고 국가적 통치의 측면에서 사회의 기강이 해이해지는 것에 대한 우려에서 생겨난 반대였습니다. 불교가 중국에 전래된 초기에 유교사상과 불교사상 간의 대립과 논쟁의 기록들을 모아놓은 것이 양나라 때 편찬된『홍명집』인데, 여기에는 승려의 삭발이 기존의 유교적 정서에 부합하느냐를 놓고 시시콜콜 따지는 부분도 등장합니다.

문:『효경』에 따르면, 신체는 부모에게서 받은 것이니 함부로 훼손해선 안 된다고 한다. 그런데 지금 승려는 머리를 깎는데 어찌 성인의 말을 거스르고 효의 도리를 벗어나는가?

답:『회남자』를 보면, 제나라 사람이 아비와 배를 타고 가다 아비가 물에 빠지자 아비의 머리를 붙잡아 거꾸로 세워서 물을 토하게 하고 목숨을 살렸다. 아비의 머리를 붙잡아 거꾸로 세우는 것은 불효이나 그런 행동으로 아비의 목숨을 살렸다. 이처럼 시의적절한 행동이나 큰 덕을 위해서라면 작은 것에 구애받지 않는다는 것을 알아야 한다.

『홍명집』에 실려 있는 논쟁들의 특징은 불교에 반대하는 측이 유교 경전과 역사 문헌에 나오는 논거를 들어 불교가 중국의 고유 사상과 어긋남을 논증하면, 옹호하는 측은 불교의 교리보다는 유교 경전과 역사 문헌에 나오는 또 다른 예를 들면서 그 공격을 살짝살

짝 피해가는 형태입니다. 다시 말해 중국 불교 정착 초기에 일어난 논쟁은 불교 측이 다분히 수세적인 입장을 취하며, 불교가 본질적으로 유가나 도가 등의 중국 전통 사상과 다르지 않다는 것을 변호하면서 이루어졌습니다. 그래서 중국 초기 불교는 유가나 도가사상에 포섭되거나 굴절되어 수용될 수밖에 없었고, 그러한 결과로 나타난 중국 불교의 특징을 지니고 있는 것이 바로 『부모은중경』입니다.

　그렇다면 중국 불교는 불교 본연의 모습을 드러내지 못하고 오직 유교나 도교에 포섭되어 수용되거나 이해되었던 것일까요? 그렇지는 않습니다. 세월이 지나 불교가 본격적으로 꽃을 피운 당나라 때는 새로운 경전의 번역이 쏟아져 나오고 각종 불교학파(법상종·천태종·화엄종·선종 등)가 형성되면서 독자적인 불교사상의 수준이 매우 높아졌으며, 불교사상이 도리어 유학에 지대한 영향을 끼치게 됩니다. 학자들에 따라선 양명학은 말할 것도 없고 성리학(신유학)조차 '유교의 옷을 입은 불교'라고 말하기도 합니다. 상황이 역전된 것이죠. 이런 논쟁의 역사적 과정을 거치면서 불교는 불교대로 중국적 특색을 지니며 발전할 수 있었고, 유교와 도교도 불교의 영향을 받아 더욱 풍성한 모습으로 발전해온 것입니다. 이렇듯 여러 문화가 뒤섞이면서 중국의 사상은 한층 더 세련되고 수준이 높아지게 되었습니다.

　한국의 사정도 마찬가지입니다. 앞서 예를 든 〈어머니 마음〉이란 노래도 그렇지만, 삼국시대 이래로 불교의 영향 아래서 각종 문화와 예술이 발전해왔고 그 흔적이 아직도 현대 한국 문화 속에 고스란히 남아 있습니다. 화두, 면목, 야단법석, 이판사판, 해탈, 독서삼매경 같은 말들은 불교 용어가 일상어로 녹아든 예입니다. 심지어 기독교 용어에서도 불교의 흔적을 찾을 수 있습니다. 기독교에서 쓰고 있는 장로, 천당, 천사, 전도, 회심 등의 용어도 실은 불교 용어를 빌려온 것입니다. 반대로 불교 쪽에서는 유교문화의 영향을 받아 남자 신도를 '처사(處士)'라 부릅니다. 처사는 벼슬에 나아가지 않은 선비를 부르는 말인데, 출가하지 않은 재가불자를 가리키는 '거사(居士)'라는 불교 용어가 버젓이 있음에도 이렇게 부르는 사람들이 꽤 있습니다. 이처럼 우리가 알든 모르든 이질적인 문화와 사상은 서로 깊은 영향을 주고받으며 성장해온 것입니다. 그러니 박힌 돌이 무엇이고 굴러온 돌이 무엇인지 따지면서 서로 밀어낼 필요가 없습니다. 팔레트 위에 놓인 물감이 다채로울수록 그리고자 하는 것을 더욱 잘 표현낼 수 있습니다. 물론 그 그림은 남이 가르쳐준 시각이나 표현 방법대로가 아니라 우리 자신의 방식에 따라야 함은 말할 것도 없습니다. 타문화의 수용과 다문화의 공존에 대한 긍정적 성찰은 단일민족 혈통이라는 한국인의 오래된 신화를 깨고 결혼과 일자리 등으로 점차 다민족 국가로 접어드는 한국 사회에 꼭 필요하고 시급한 문제입니다.

흘러가는 것을 뒤쫓지 마라.
오지도 않은 것을 바라지 마라.
과거는 이미 흘러가버린 것.
미래는 아직 오지 않은 것.
그러므로 지금 존재하는 것만을
있는 그대로 정확히 보라.
흔들림 없이 동요됨 없이
정확히 보고 실천해야 한다.
다만 오늘 할 일을 열심히 하라.
_『맛지마 니까야』

03
업력

보리수 아래에서의
마지막 유혹

석가모니가 마왕 마라의 방해에도 보리수 아래에서 깨달음을 얻은 후 7일간 그 자리에 앉아 자신의 깨달음을 점검하며 열반과 해탈의 즐거움을 누리고 있었다. 이 모습을 본 마라는 그만 낙담해서 바닥에 털썩 주저앉았다. 이때 마라의 세 딸인 '갈망'과 '혐오'와 '환상'이 찾아왔다.

"아버지, 왜 그렇게 슬퍼하세요?"

첫째 딸 갈망이 걱정스럽게 묻자 마라는 딸들에게 하소연을 시작했다.

"오, 사랑스런 내 딸들아, 사문 싯다르타가 생로병사의 비밀을 풀

초기 불전에서 윤회의 근원이 되는 무명(無明)[12]은 갈애, 즉 성욕이라 표현됩니다. 『사십이
장경』에는 재미있게도 각 연령대의 여인들의 유혹을 뿌리치는 방법이 나옵니다. "나보다 나
이가 훨씬 많은 여인은 어머니라 여기고, 조금 많은 여인은 누나라 생각하고, 어린 여자는
여동생처럼 여기고, 어린아이는 딸처럼 생각하여 제도할 마음을 내면 악한 생각이 사라질
것이다." 그런데 같은 나이일 땐 어떻게 해야 할까요? 〈합천 해인사〉

고 갈애(渴愛)를 벗어나 깨달음을 얻었으니, 그동안 내가 욕망과 집착으로 지배해온 왕국은 망할 일만 남았구나. 그러니 내가 어찌 두렵고 떨리지 않겠느냐?"

딸들은 그 말에 슬며시 미소를 지으며 아버지를 위로했다.

"아버지, 그런 일이라면 걱정 마세요. 싯다르타도 남자예요. 저희들은 천신들조차 부러워하는 아름다움을 지니고 있어서 지금까지 단 한 번도 남자를 유혹하는 데 실패한 적이 없는 걸요."

그러나 마라는 찡그린 인상을 쉽사리 풀지 않았다.

"사랑하는 내 딸들아, 싯다르타는 다른 사문들과는 다르다. 그는 나의 대군들을 모두 섬멸했고, 내가 지닌 위압과 공포를 조금도 두려워하지 않았다. 그는 어떤 것으로도 굴복시킬 수 없는 존재가 되어버렸다."

그러자 셋째 딸 환상이 아버지의 말을 받았다.

"그건 아버지가 그 사문을 오직 힘으로만 굴복시키려고 해서 그런 거예요. 저희는 힘이 아닌 유혹으로 그를 굴복시킬 거예요. 인간은 자신의 마음속에서 피어오르는 욕망과 갈망의 유혹에 더 약한 법이죠."

그때 둘째 딸 혐오가 나서서 동생의 말을 거들었다.

"인간이 이 세상에 태어난 이유가 바로 그 부모의 갈애와 욕정으로 인한 것인데, 사람치고 이성에 대한 욕정과 욕망이 없는 이가 어

---

12 잘못된 생각이나 집착 때문에 진리를 깨닫지 못하는 상태를 이릅니다.

디 있겠어요? 그가 우리를 보고 욕정을 느끼는 순간 그동안 쌓아온 청정한 수행이 무너지고 다시 고통과 번민의 세계로 돌아올 테니 아버지는 걱정 말고 기다리기나 하세요."

그렇게 마라를 안심시킨 세 딸은 아름다운 표정과 달콤한 향기를 풍기며 부처님이 선정(禪定: 마음이 평온하고 고요해 하나로 모아진 상태.)에 든 보리수 아래로 다가가 은밀하게 속삭였다.

"사문이시여, 눈을 뜨고 우리의 아름다움을 바라보소서. 그대가 이룬 열반과 해탈도 당신이 우리와 나눌 쾌락과 기쁨에 비하면 아무것도 아니랍니다. 우리는 당신이 원하는 것이라면 무엇이든 복종할 준비가 되어 있어요. 그러니 딱딱하고 어두컴컴한 자리에서 일어나 부드러운 우리의 살결과 빛나는 우리의 젊음을 마음껏 즐겨보세요."

그러나 석가모니는 조금의 미동도 없이 그 자리에 앉아서 엷은 미소만 짓고 있었다. 마라의 딸들은 갖은 교태로 몇 차례 더 유혹했으나 석가모니가 꿈쩍도 하지 않자 당황하여 다시 의논했다.

"우리가 저 싯다르타라는 사문을 너무 우습게 본 것 같아. 남자들의 취향은 사람마다 다르지. 어떤 남자는 어린 소녀를 좋아하고, 어떤 남자는 처녀를, 어떤 남자는 중년의 여인을, 어떤 남자는 중년을 넘긴 여인을 좋아하지. 그러니 우리도 여러 가지 모습으로 변해서 유혹해야겠어. 그러면 저 사문도 맥을 못 출 거야."

그들은 신통력으로 갖은 모습의 여인들로 변신하여 부처님께 다가가 유혹의 말을 반복했다.

"사문이시여, 우리는 그대가 시키는 대로 다 할 것입니다. 지금 그대와 우리 말고는 아무도 없나이다."

석가모니는 한동안 잠자코 그들의 행태를 지켜보다가 유혹을 멈출 기미가 보이지 않자 부드럽게 꾸짖었다.

"소용없는 일이다. 너희들이 하는 짓이란 욕망과 애욕에서 벗어나지 못한 사람에게나 통하는 일. 여래는 모든 욕망과 번뇌의 불을 꺼버린 사람이다. 깨달은 이에게는 그물처럼 옭아매어 다시 태어남으로 이끄는 갈애와 욕정이란 없다. 이미 완전히 꺼져버린 재에 부채질을 한다고 불꽃이 일어날 리 없는 것과 같다."

부처님의 맑고 깨끗한 말을 들은 마라의 세 딸은 분함과 창피함에 머리를 감싸 쥐고 비명을 지르며 그 자리에서 황급히 도망쳤다.

사랑의 습관

'사랑'이란 말은 너무 흔하지만 여전히 사람들에게 큰 영향력을 미치는 말입니다. 사랑 가운데 특히 이성에 대한 관심이나 연애 감정은 나이와 결혼 여부를 불문하고 끊임없는 고민거리가 됩니다. 현재 쏟아져 나오는 가요 가운데 절대 다수가 사랑과 관련한 노래이고, 특히나 헤어짐의 고통과 그리움을 다룬 노래라는 것만 보아도 알 수 있습니다. 대체 사랑이 뭐길래 우리는 이렇게 매혹당하는 동시에 아파하고 힘들어하는 것일까요? 또 사랑과 성적 욕망은 어떻게 구분할 수 있는 것일까요? 이는 결코 간단하게 대답할 수 있는 문제가 아닙니다. 앞의 이야기에서 보듯 불교에서도 사랑과 욕정의 문제는 한 수행자가 깨달음을 얻는 고비에서 예외 없이 등장하는 매우 '뜨거운 감자'입니다.

　흔히 여성들에게 이상형을 물으면 '느낌이 좋은 사람'이라고 말하는 경우가 많습니다. 이 말처럼 남성들을 혼란스럽게 하는 말도 없는데, 사실 여성 입장에서 보면 사랑에 빠지게 되는 이유를 설명하는 가장 적확한 표현이라고 할 수도 있습니다. 여성들의 느낌이라는 것은 불교적으로 보자면 단순히 감각적 느낌뿐만 아니라 신체적 느낌을 통한 자신의 판단과 욕망과 행동을 동시에 포괄하는 개념이라 할 수 있습니다. 다만 느낌은 늘 불완전하고 자신의 욕망이나 성향과 관련되어 있기에 사실과 어긋나는 잘못된 판단이나 환상이 포함될 수 있습니다. 그런데 이렇게 형성된 환상이나 느낌은 매우 강력한 영향력을 행사합니다. 한번 고착된 느낌이나 생각은 아무리 사실을 이야기해주어도 쉽사리 바뀌질 않습니다. 예를 들어, 상대가 매우 폭력적이고 거짓말을 잘하고 내게 고통을 주는 사람이란 사실을 나중에 안다고 해도 자신의 마음속에 고착된 사랑이란 느낌 때문에 그 관계에서 벗어나기 힘든 경우가 많습니다. 그래서 주변 사람이 아무리 여러 가지 객관적 사실을 들면서 헤어지라고 충고를 해주어도 정작 사랑에 빠진 당사자의 마음을 돌리기란 어렵습니다. 사랑에 괴로워하는 본인도 그 사실을 몰라서 허덕이고 있는 게 아니라 이미 오래된 습관이나 중독처럼 거기에 물들어 있기 때문입니다. 심지어 어떤 사람은 그 고통마저도 사랑에 따라붙는 훈장처럼 미화하기도 합니다.

만약 지독히 고통스럽던 연애를 겨우 끝내고 다른 사람과 새롭게 연애를 시작한다 할지라도 이전과 비슷한 특징을 가진 상대와 만나는 경우가 많습니다. 나쁜 남자 스타일을 반복적으로 만나는 여자도 있고, 자신을 지배해서 넋을 쏙 빼놓는 팜 파탈에게 계속 매력을 느끼는 남자도 있습니다. 사람에 따라서 자신이 선호하는 이상형이 분명 있을 겁니다. 이렇게 한 개인에게 선호하는 이성의 특

징이 반복되거나 사람에 따라서 원하는 상대가 다른 것은 무엇 때
문일까요? 마치 성격과 마찬가지로 이성에 대한 취향도 태어나면
서 이미 결정된 것이기 때문일까요?

　불교의 관점으로 보자면 이 말은 반만 맞습니다. 타고난 것이기
는 하지만 영원히 결정된 것은 아니라는 뜻입니다. 만약 성격이나
취향이 자연의 선택에 의해 타고난 것이거나 신에게 부여받은 것이
라면 인간이 함부로 그것을 변화시킬 수 없습니다. 불교에서는 전
생에 이미 자신이 해온 모든 행위나 생각 또는 성향이 지금의 생으
로 이전되어왔다고 봅니다. 이런 성향들은 이전의 생들을 거치면
서 자신이 만들어놓은 것입니다. 이것을 '업력(業力)'이라고 합니다.
업력의 힘은 수십 년간 올빼미형 인간으로 살아온 사람이 하루아침

에 아침형 인간으로 살아가기가 어려운 것과 유사하게 작용합니다. 이성에 대한 취향도 이렇게 오랫동안 형성된 것이라 할 수 있습니다. 그래서 익숙한 패턴과 성향이 유지되는 것이죠. 하지만 수많은 생을 거치며 굳어진 것이라 할지라도 이번 생에서 자신의 지혜에서 비롯한 의지와 행동을 통해 차츰 변화시킬 수 있습니다.

모든 사람에게 적용되는 일은 아니지만 여러 경험을 통해 아픔을 겪고 내면이 성숙해지면서 이성에 대한 취향이나 성향도 조금씩 바뀌게 됩니다. 이것을 우리는 연륜이 주는 지혜라고 부릅니다. 불교가 추구하는 지혜도 이와 다르지 않습니다. 다만 경험을 통해 수많은 고통을 받고 난 다음에 깨닫는 것이 아니라 수행과 깨달음을 통해 자신에게 내재한 어둠과 업력, 즉 잘못된 느낌에서 비롯된 잘못된 판단과 그로 인해 전생에서부터 굳어져버린 고착과 집착에서 발생하는 것들을 끊어내고 더 현명하게 판단하여 행복한 삶을 사는 것입니다.

사랑의 고통을 지독히 맛보고 나서도 똑같은 패턴으로 똑같은 성향의 사람과 사랑에 빠지는 것은 여전히 잘못된 판단과 욕망에 끌려다니는 삶을 살고 있다는 말과 다름이 없습니다. 사실 가장 괴로운 것은 그러한 패턴에서 벗어나지 못하는 본인 자신입니다. 반복되는 사랑의 고통은 새로운 이성을 만난다고 해서 치유되지 않습니다. 사랑에 관한 수많은 핑크빛 이야기들이 각종 매체를 통해 쏟아지는 세상에서 아무도 이야기해주지 않는 것 중의 하나는 사랑이 모든 것을 해결해주지 않는다는 평범한 진리입니다. 왜냐하면 사랑이란 신성불가침한 어떤 것이 아니라 자신의 습관적인 욕망과 잘못된 판단의 다른 이름일 수도 있기 때문입니다. 우리가 진정한 사랑을 찾기 위해 해야 할 일은 사랑이 끝나면 그 허전함을 지우기 위해 또 다른 사랑에 끊임없이 빠져드는 일이 아니라 잠시 숨을 가다듬고 자신의 판단과 성향이 올바른지 찬찬히 들여다보는 지혜를 쌓는 일입니다. 잘못된 판단과 헛된 욕망이란 불씨를 만나도 다시는 타오르지 않는 꺼진 재가 되어야 진정한 사랑도 만날 수 있지 않을까요?

분별과 무분별

나를 대접하지 말라!

중국 당나라 때 국청사 주변에 한산(寒山)과 습득(拾得)이 살았다. 한산은 한암(寒巖) 동굴에 산다고 해서 얻은 이름이고, 습득은 국청사의 방장[13]인 풍간 선사가 길에 버려진 아이를 주워와 절간에서 길렀다고 해서 붙은 이름이다. 한산은 가끔 국청사로 내려와 승려들이 먹다 남긴 밥찌꺼기를 얻어먹으며 살았고, 습득은 국청사 마당을 쓸거나 공양간에서 설거지를 하며 살았다.

---

[13] 선종 사찰에서 가장 높은 지위에 있는 승려로, 제자들의 수행을 지도하고 이끌어주는 어른을 말합니다.

일반적으로 한산과 습득의 일화는 천하고 바보처럼 보이는 이라도 타고난 지혜를 가지고 있을 뿐만 아니라 외모나 신분만으로 누군가를 판단하는 것은 잘못된 것이라는 사실을 일깨우는 이야기처럼 보입니다. 그러나 한산과 습득의 일화는 그런 차원보다 더 깊은 곳을 겨냥하고 있습니다. 바로 우리가 지닌 판단력이라는 것에 대한 근원적인 질문입니다. 〈합천 해인사〉

둘 다 생김새는 보잘것없었고, 터벅머리에 바보처럼 히죽거리며 웃고 다녀서 국청사 승려들에게 무시를 당하거나 얻어맞기 일쑤였다.

어느 날 국청사의 주지 스님이 마을에 일이 있어 내려갔다가 절로 돌아오는 길에 소떼와 함께 있는 한산과 습득을 보았다. 한산과 습득이 한가로이 풀을 뜯고 있는 소들을 툭툭 건드리며 장난을 치고 있는 것을 본 주지 스님은 흥미가 생겨 나무 뒤에 숨어서 조용히 지켜보기로 했다.

그때 한산이 큰 소리로 소떼를 향해 소리쳤다.

"도반(道伴)[14]들아, 소가죽 덮어쓰고 소 노릇 하는 기분이 어떠신가?"

그리고 습득이 한산의 말을 이었다.

"살았을 때 시주 밥만 열심히 챙겨 먹고 수행은 뒷집 개 보듯 하더니 그 업보로 소의 몸을 받았구나. 오늘은 소가죽을 덮어쓴 여러 도반들을 가련하게 여겨 무상법문[15]을 베풀까 하니 내가 이름을 부르는 대로 이쪽으로 나오시게. 첫 번째, 동화사의 경진 율사!"

이를 지켜보던 주지는 기가 차서 속으로 중얼거렸다.

'저놈들이 그저 바보가 아니라 미쳐도 단단히 미친 놈들이구나. 어디서 감히 생전에 계행이 높기로 유명한 큰스님 이름을 한낱 미물에게 붙여서 망령되이 부른단 말인가. 저놈들을 당장에 몽둥이로

---

14 구도의 길을 같이 가는 동무.
15 최고의 법문.

두들겨서 불가의 높은 덕이 더는 허물어지지 않도록 해야겠다.'

주지가 작대기를 풀숲에서 찾아 쥐고 나서려는 찰나 이상한 일이 벌어졌다. 소떼 가운데 검은 소 한 마리가 음매 하고 울면서 앞으로 나와선 앞발을 꿇고 머리를 땅에 대는 것이었다. 습득은 만족한 웃음을 띠면서 다른 이름을 불렀다.

"자, 다음은 천관사의 현관 법사!"

이번에는 누런 소가 음매 하고 대답하며 나오더니 한산과 습득에게 절을 하고는 첫 번째 소 옆에 주저앉았다.

이후 한산과 습득이 이름을 부를 때마다 소들이 한 마리씩 나와서 주저앉았고, 한산과 습득이 부르는 이름들이 하나같이 세간에서 덕이 높다고 알려진 고승들이었다. 백여 마리 가운데 서른 마리의 소를 불러낸 한산과 습득이 『금강경』과 『반야심경』을 들려주자 소들은 구슬픈 눈물을 뚝뚝 흘리면서 음매음매 소리 높여 울었다.

이 광경을 본 주지는 등골이 오싹해져 손에 쥔 작대기를 내려놓고 중얼거렸다.

'문수[16]와 보현[17]의 화신을 곁에 두고도 눈이 어두워 알아보지 못했구나. 대중들에게 이 사실을 알려서 그들을 제대로 대접하도록 해야겠다.'

그길로 절에 당도한 주지는 대중을 불러 모아서 자신이 본 이야기를 해주고는 한산과 습득을 위한 특별 공양을 준비했다. 절로 돌

---

16 문수보살은 석가모니의 지혜를 상징합니다.
17 보현보살은 석가모니가 중생을 위해 베푸는 자비와 교화를 상징합니다.

아온 한산과 습득은 승려들이 전과는 다르게 자신들을 대하는 것을
보자 "야, 이 도둑놈들아!" 하고 소리치곤 사라져 다시는 국청사에
모습을 나타내지 않았다.

판단할 것인가 말 것인가

내가 어리고 여렸던 시절에 아버지는 아직도 마음속에 깊이 되새기고 있
는 충고 하나를 해주셨다.

"누군가를 비난하고 싶은 기분이 들 때마다 이걸 기억해라. 세상의 모든
사람이 네가 가진 특권을 누려왔던 것은 아니란 사실을."

스콧 피츠제럴드의 유명한 소설 『위대한 개츠비』는 위와 같은 문장
으로 첫머리를 엽니다. 이 말이 의미하는 것은 무엇일까요? 인류에
대한 연민이나 자비일까요, 아니면 자기성찰의 철저함을 요구하는
것일까요? 혹은 이러한 뜻 이외에 또 다른 의미를 지니고 있는 것일
까요? 소설 속 화자인 닉 캐러웨이는 세월이 흐른 뒤에도 여전히 마
음속에서 아버지의 충고를 되새겨왔다고 고백하고 있습니다. 결과
적으로 그는 이 충고로 인해 모든 판단을 유보하는 성향을 지니게
됩니다.

소설의 첫 문장은 독자들이 『위대한 개츠비』라는 작품을 읽을 때
마주치게 되는 애매모호함을 상징적으로 예고해주는 문장일지도

모릅니다. 어떤 독자는 제목처럼 개츠비가 위대하다고 말하지만, 어떤 독자는 개츠비가 사랑에 미친 멍청이일 뿐이라고 말하기도 합니다. 어쩌면 우리는 닉처럼 이 소설에 대한 판단을 유보해야 할지도 모릅니다. 이러한 판단의 유보는 불교에서 말하는 무분별과 어떤 관계를 지니고 있을까요? 또 한산과 습득이 소리치고 도망간 이유와는 어떤 연관이 있을까요?

불교에서는 우리가 어떤 사람이나 사물을 느끼고 분별하고 판단할 때 보통 다음과 같은 단계가 있다고 설정합니다. 먼저 우리는 사람이나 사물을 몸과 마음을 통해 겪게 됩니다. 이것을 불교 용어로는 촉(觸: 만남)이라고 합니다. 몸과 마음의 여섯 가지 감각기관(눈·귀·코·입·몸·마음)이 외계의 대상[18]이나 사실과 접촉하는 것입니다. 즉, 음식을 혀로 맛보거나, 사람의 얼굴이나 몸매를 눈으로 보거나, 음성을 귀로 듣거나, 마음에 어떤 사건이나 사람을 떠올리는 것입니다. 이러한 촉으로 인해 수(受: 느낌)가 생기게 됩니다. 보통 우리가 좋다, 나쁘다, 즐겁다, 괴롭다 하는 바로 그 느낌입니다. 그 다음에 상(想: 인식)이 생기게 됩니다. 느낌과 인식은 흡사하지만 성격이 다릅니다. 만약 어떤 사람의 얼굴이나 음성을 보거나 듣고 막연히 부드럽고 편안한 인상이나 음성이라서 좋다고 느끼면 그것은 '수'이지만, 그것을 20대 초반 남자의 잘생긴 얼굴이나 건강한 음성이라고 인식하고 지각하는 것은 '상'입니다. 이렇게 인식이 생기고 나

---

[18] 불교는 내면과 외계의 대상을 이분법적으로 명확히 나누지 않습니다. 여기서는 단지 설명과 이해를 돕기 위해 이렇게 나누었습니다.

면 사(思: 생각)와 희론(戱論: 잘못된 생각)이 덩달아 일어납니다. 얼굴이 저리 잘생기고 목소리도 저렇게 좋으니 저 사람은 분명 집안도 좋고 머리도 좋고 운동도 잘하고 성품도 좋을 거야 등등 사실과는 무관할 수도 있는 별별 생각들이 우리 마음속에 일어나게 되는 것입니다. 이러한 잘못된 판단이 욕망과 결합하여 그 사람과 가까워지거나 혹은 멀리해야겠다는 생각(行: 의도)까지 번지게 되고, 그런 의도를 관철시키기 위해 상대에게 행동이나 말로 옮기게 되는 것입니다. 이 복잡한 과정은 매우 짧은 순간에 연쇄적으로 일어납니다.

벽화의 이야기에서 국청사의 주지와 절에 사는 대중들은 한산과 습득의 그간 행색과 외모를 보고 희론을 일으켜 그들을 업신여겨왔습니다. 절의 음식을 구걸하며 사는 거지와 절의 머슴이 누구보다 높은 깨달음의 경지를 지닌 성인임을 알지 못했던 것입니다. 이처

럼 사람을 겉으로 드러난 외모를 보고 판단하느냐 내면으로 판단하느냐의 문제도 중요하지만 여기서의 핵심은 그것을 넘어섭니다. 우리가 옳다고 느끼고 판단하는 것이 근원적으로 문제가 없는지 살펴보아야 합니다.

예를 들어, 어떤 사람이 사물이 잘 분간이 되지 않는 어둑어둑한 저녁에 산길을 걷다가 길고 물컹한 무엇을 밟은 경우 그는 자신이 뱀을 밟았다고 생각해서 소스라치게 놀라게 될 겁니다. 이것을 불교적 판단의 단계에 대입해보면, 먼저 발의 촉감과 눈의 시각으로 말미암아 어떤 불쾌한 느낌을 가지게 됩니다. 그리고 순간의 느낌을 바탕으로 해서 '이것이 뱀이구나' 하는 인식을 가지게 됩니다. 뱀을 밟았다는 인식이 들자마자 혹시나 물릴지도 모른다는 공포감이 생겨 소리를 지르거나 소스라치게 놀라게 되는 겁니다. 그런데 용기를 내서 자세히 보니 뱀이 아니라 새끼줄인 것을 알고는 한숨을 내쉬며 멋쩍게 웃습니다. 이와 유사한 경험은 한두 번씩 해보았을 겁니다.

뱀이 아니라 새끼줄이라는 것, 여기까지가 세상의 상식이 추구하는 올바른 판단입니다. 이걸로 끝일까요? 불교는 여기서 더 나아갈 것을 권합니다. 새끼줄이 원래 있는 것인가, 아니면 어떤 조건들에 의해서 잠시 만들어진 것인가를 고찰하는 것입니다. 새끼줄은 본래부터 있는 것이 아니라 짚과 그것을 꼰 사람에 의해서 만들어진 것입니다. 또 세월이 지나면 삭아서 형태도 없어지고 원료인 짚도 사라지게 됩니다. 이렇게 보자면 새끼줄은 본래 그 자성(自性: 본래의 성질이나 실체)이 없습니다. 단지 특정한 인연(조건)들의 조합으로 잠시 생겨났다가 인연(조건)이 다하면 사라지는 것이 새끼줄이라는 것입니다. 새끼줄이란 것이 실제로 실체가 없다는 궁극적인 판단에 도달하지 못한 채 뱀으로 생각하고 놀라는가 하면 또는 새끼줄이라는 것을 확인하고서 안심하는 것은 불교에서는 모두 불완전한 분별과 판단의 예일 뿐입니다.

여기서 우리는 한산과 습득이 왜 좋은 대접을 해준다는데도 도망쳤는지에 대한 이해의 실마리를 찾을 수 있습니다. 본래 실체가 없는 사람의 성품에 관해 판단하는 것은 한산과 습득이 보기에는 그 판단의 결과가 바보든 성인이든 상관없이 모두 잘못되거나 부적절한 판단이며 고정적인 실체에 집착하는 행위입니다. 마치 실재하지도 않는 토끼의 뿔을 놓고 그것이 붉은색이냐 푸른색이냐를 판단하는 것과 다르지 않습니다. 수행을 통해 실상을 파악하려고 노력해야 할 승려들이 불완전한 분별에 사로잡혀 하루아침에 자신들에 대한 태도를 바꾸어 성인 대접을 하니 한산과 습득이 "야, 이 도둑놈들아!" 하고 소리 지르며 도망갈 수밖에 없었을 것입니다.

불교에서 말하는 무분별은 어떤 분별도 하지 말라는 단순한 이야기가 아니라 분별을 끝까지 제대로 해서 양비론적 시각에 고착되지 말라는 뜻도 포함됩니다. 그래서 불교를 지혜의 종교라고 말하기도 합니다. 결국 소설 『위대한 개츠비』의 화자가 말하는 판단의 유보와 불교의 무분별은 내용은 다르지만 양비론적 시각에서 벗어나 보다 깊고 철저하게 사람과 사물을 궁구하려는 점에서 서로 통한다고 볼 수 있습니다.

여러분께 묻습니다. 소설 속의 개츠비는 위대한가요, 아니면 사랑에 미친 바보인가요? 만약 이 질문 자체가 잘못되었다는 걸 눈치챘다면 그것으로 족합니다.

만약 어떤 사람이
과거, 현재, 미래의 모든 부처님을 알고자 한다면
응당히 법계의 성품을 관찰하라.
모든 것은 오직 마음이 지어냄이로다.

_ 「화엄경」

대승불교와 소승불교

어리석은 나한들아!

진묵 대사가 전라도의 한 절에 머물고 있을 때 나이 든 보살(여자 신도)이 찾아와 며느리가 아이를 낳지 못하니 집안의 대를 이을 수 있도록 득남 기도를 해달라고 부탁했다. 대사는 곡차(술) 한 말을 가져오면 즉시 기도에 들어가겠다고 약속했다. 보살이 곧바로 곡차를 준비해 바쳤으나 대사는 곡차만 마실 뿐 도통 기도에 들어갈 생각이 없어 보였다. 보살이 참다못해 스님에게 따졌다.

"스님이 도력이 아주 높다고 소문이 자자해서 먼 길을 찾아와 기도를 부탁드렸는데 아무래도 제가 잘못 알았나 봅니다. 곡차만 받아 드시고 기도는 전혀 안 해주시니 제가 속은 것 같습니다. 드렸던

진묵대사와 아라한이 펼치는 일진일퇴의 신통력 대결은 대승불교와 소승불교의 공방을 보여줍니다. 이 벽화 이야기에서 우리가 배워야 하는 부분은 홀로 완벽한 것은 없다는 사실입니다. 『법화경』과 『화엄경』은 대승 불경의 꽃이라 불리지만 이들 경전에서조차 초기 소승 불교의 수행 방법을 엄연한 대승 수행의 한 방편으로 감싸 안고 있는 점을 주목해야 합니다.

〈벽화를 대체한 그림〉

곡차나 내놓으세요."

그 말에 대사는 마시던 곡차 잔을 내려놓고 일어나 보살을 이끌고 나한전으로 들어갔다. 그리고 보살이 보는 앞에서 나한상의 얼굴을 손바닥으로 일일이 후려치며 호통을 쳤다.

"보살이 이렇게 득남을 원하는데 아직까지 점지해주지 않고 뭐하는 짓인가? 하루빨리 보살님네 후사를 이을 아들 하나 점지해주게. 알겠는가?"

보살이 어처구니가 없어 멍하니 보고만 있자 대사가 웃으며 말했다.

"내가 나한들에게 손자 하나 점지해주라고 혼을 냈으니 집으로 돌아가 기다리면 조만간에 좋은 소식이 있을 것이네."

대사는 이렇게 말하고는 자신의 방으로 들어가버렸다. 보살은 속았다고 생각했지만 더는 따져 묻지 않고 터덜터덜 집으로 돌아왔다. 그런데 그날 밤 보살의 꿈에 나한들이 나타나 뺨을 어루만지며 말했다.

"그대가 진묵에게 다그치는 바람에 우리가 이렇게 봉변을 당하지 않았는가? 아직도 뺨이 얼얼하다네. 아들 하나 점지해줄 터이니 다시는 진묵에게 부탁해서 우리가 곤욕을 치르는 일이 없도록 하게."

이 꿈 이후에 보살은 곧 손자를 얻게 되었고, 진묵 대사의 명성은 더욱 높아졌다.

이 일이 있은 지 얼마 지나지 않은 어느날 대사가 산문을 나와 저

잣거리로 향하는데 갑자기 비가 억수같이 쏟아졌다. 잠시 나무 밑에서 비를 피하는데 웬 동자 하나가 비를 피하려 황급히 나무 아래로 들어왔다. 대사는 동자가 하는 짓이 귀여워 이런저런 말을 나누다가 비가 그치자 함께 길을 나섰다. 가다가 냇가를 만나게 되었는데, 쏟아진 폭우 때문에 물살이 빠르고 깊어 쉽사리 건너기 어려워 보였다. 그때 동자가 나서서 말했다.

"스님, 보기엔 저리 위험해 보여도 막상 건너보면 아무것도 아니에요. 제가 이 길을 많이 다녀봐서 알거든요. 제가 먼저 건널 테니 스님은 제 뒤만 따라오시면 돼요."

대사가 말릴 틈도 없이 동자는 앞서서 내를 건너기 시작했는데, 신기하게도 동자의 발목까지만 물살이 찰랑거릴 뿐이었다.

"스님, 뭐 하세요. 하나도 안 깊어요. 빨리 오시라니까요."

대사는 동자의 재촉에 못 이겨 내를 건너기 시작했다. 동자의 말처럼 물은 그리 깊지 않았다. 그러나 중간쯤에 이르자 갑자기 발이 푹 빠지면서 온몸이 물속에 잠겨 위험한 상황에 처하게 되었다. 그 와중에도 대사는 걱정이 되어 앞선 동자를 바라보았는데, 동자는 이미 반대편 기슭에 서서 대사가 허우적거리는 모습을 보며 재미있다는 듯 깔깔거리고 있었다.

"바보 같은 진묵아, 네가 나한[19]을 우습게 보면 이런 꼴을 당한단

---

19 원래 나한은 아라한의 줄임말로, 석가모니 시대에는 석가모니의 제자로서 진리를 깨달은 이를 일컫는 말이었습니다. 아라한은 응당히 공양을 받을 자격이 있는 자를 말합니다. 그러나 대승불교가 시작되면서 아라한은 자신의 수행법에만 사로잡혀 아직 완전한 깨달음을 이루지 못한 소승불교도를 지칭하는 말로 쓰이기도 합니다.

다. 오늘 고생 좀 해보거라."

동자는 이 말을 마친 채 사라졌고, 대사는 몇 차례 잠기고 떠오르기를 반복하면서 물로 배를 잔뜩 채운 후에야 간신히 내를 건넜다. 대사는 물에 젖은 장삼을 벗어 짜다가 허허거리며 시 한 수를 읊었다.

석가모니 회상[20]의 어리석은 나한들아,
마을에서 주는 잿밥을 언제까지 탐할 것이냐?
신통을 부리는 일은 너희들이 더 나을지 모르나
깨달음에 관해서라면 마땅히 내게 물어야 하리.

---

20 대중이 모인 법회.

더 나은 수레를 찾아서

진묵 대사는 조선 중기에 전라도에서 태어나 그곳에서 활동했던 승려로서 석가모니의 현신이라고 불릴 정도로 도력이 높았고 이적을 많이 행했다고 합니다. 원불교나 증산도 경전에서도 진묵 대사의 일화나 행적을 언급하며 칭송하는 대목을 발견할 수 있는데, 이는 진묵 대사가 전라도 지역에서 그만큼 민중과 밀착해 광범위하게 존경받았던 인물이고 불교의 틀만으로는 규정할 수 없는 자유인의 기질이 다분한 스님이었다고 볼 수 있습니다. 불가에서 금지하는 술을 '곡차'라고 바꿔 부르는 말이 진묵 대사에게서 연유한다는 설화도 있습니다. 내용인즉, 진묵 대사는 평소 워낙 술을 좋아했는데 한 승려가 술을 담그는 것을 보고 구미가 당겨 그것이 뭐냐고 몇 차례 물었지만 승려는 '곡차'라고 말하지 않고 끝까지 불가에서 금하는 '술'이라고 대답하는 바람에 금강역사의 철퇴에 맞아 죽었다는 다소 황당한 이야기입니다.

그런데 벽화와 관련된 이야기에는 진묵 대사 이적에 관한 상반된 두 가지 모습이 담겨 있습니다. 하나는 민간에 전승되는 대로 대단한 이적가로서의 모습이고, 다른 하나는 진묵 대사가 도리어 나한에게 무력하게 당하고 마는 모습입니다. 술을 마시는 스님이 대승불교의 자유분방한 이미지를 상징한다면, 나한전에 모셔져 있는 석가모니의 제자들은 우리가 소승불교라고 부르는 상좌부[21] 불교의 계율과 수행을 의미한다고 볼 수 있습니다. 재미있게도 이 이야기 속에서 소승불교와 대승불교의 대립 구도가 슬며시 드러나는 것입니다.

불교가 인도 전역에 널리 전파된 후 상좌부 불교의 전통은 남쪽으로는 스리랑카로 전해져 현재 동남아시아 불교의 근간이 되었고, 대승불교의 전통은 북쪽으로 전승되어 중앙아시아를 거쳐 티베트와 중국, 한국, 일본 등지로 골고루 퍼졌습니다. 이러한 지역적 전승의 차이에 따라 남방불교와 북방불교의 성격이 확연하게 차이가 나게 되었습니다. 남방불교는 팔리어로 쓰인 상좌부에서 전해지는 경전을 토대로 하고, 북방불교는 산스크리트로 쓰인 대승 경전을 신앙합니다. 우리가 대승불교와 소승불교의 대립 구도로 알고 있는 불교가 바로 북방 대승불교와 남방 상좌부 불교입니다.

원래 소승불교란 말은 대승불교도들이 상좌부 불교도들을 폄하하기 위해 만들어낸 말입니다. 대승(大乘)이 마하야나(mahayana: 큰 수

---

21 상좌부 불교는 흔히 '테라바다' 불교라고 불리며, 석가모니 입멸 후 백 년이 지났을 때 계율 문제로 교단에 분열이 생기자 전통을 고수하며 함부로 계율을 변경하는 것을 금지한다는 보수적인 입장을 지닌 장로들로 구성된 불교 집단입니다. '테라'는 '상좌(윗자리에 있는 사람, 장로)'를 가리키며, '바다'는 '가르침이나 교설'을 의미합니다.

레)의 번역이라면 소승(小乘)은 히나야나(hinayana: 작은 수레)의 번역인데, 대승은 많은 사람을 실어서 깨달음의 언덕으로 건네주는 가르침(수레)인 반면에 소승은 단순히 자신의 깨달음만을 추구하는 옹졸한 집단이란 의미가 담겨 있습니다. 인도에서 대승불교 운동이 일어났을 당시에는 대승불교도의 세력이 여러 부파불교도(상좌부 불교도)들에 비해 상대적으로 소수였습니다. 그래서 대승불교의 논사(論師)[22]들은 어떻게든 그들과 대립각을 세워 자신이 신앙하는 사상을 돋보이게 하려고 부파불교를 싸잡아 소승이라 비판했고, 대승만이 붓다의 정신을 근본적으로 이은 것이라 주장했습니다.

  하지만 상좌부 불교도들은 스스로 자신들의 불교가 소승불교라고 한 번도 인정한 적이 없습니다. 상좌부 불교의 입장에서는 대승불교도들이 자신들을 소승이란 이름으로 폄하하는 게 꽤 억울할 겁니다. 한국은 오랜 세월 동안 줄곧 대승불교의 영향권 아래에 있어 왔던 탓에 소승불교라는 용어의 사용에 별다른 문제의식이 없었지만 근래 들어선 '소승'이라는 용어 대신 '상좌부' 혹은 '남방불교'라는 표현으로 점차 바뀌는 추세입니다. 이러한 변화의 바탕에는 그간 접하지 못했던 남방 상좌부 불교의 경전들이 한국에서 번역되고 남방에서 수행을 하고 돌아온 승려들이 늘어나면서 일방적으로 매도되었던 남방불교의 가치와 진가가 새롭게 인식되고 있기 때문입니다.

---

22 불교의 논(論)을 지어서 불법을 드날리는 데 노력하는 사람을 말합니다.

이렇게 본다면 그동안 편향되어온 한국 불교사상의 균형을 위해 이러한 움직임과 생각의 변화는 매우 바람직하다고 할 수 있습니다. 그러나 문제는 이러한 균형을 넘어서서 오직 상좌부 불교만이 불교의 정수를 담은 '정통 불교'라는 독단도 덩달아 발생하고 있다는 점입니다. 급기야는 남방불교를 배워온 이들의 입에서 "대승경전에 담긴 것은 붓다의 직설이 아니다", "대승은 불교가 아니라 허황된 사변과 철학에 불과하다", "붓다의 말씀이 고스란히 기록된 남방불교의 경전을 중심으로 불교를 공부해야만 불교의 대의를 파악할 수 있다"는 등의 거침없는 말들이 쏟아지기도 합니다. 여전히 대승불교 중심으로 운용되는 한국 불교의 실정상 이들의 날 선 목소리에 담긴 의도는 마치 초기에 수적으로 미약했던 인도의 대승불교도들이 상좌부 불교를 공격했던 모습과 별반 다르지 않은 듯합니다. 역사는 시간과 공간을 바꾸어서 이렇게 돌고 도는 것인지도 모릅니다.

그러나 누구든 홀로 완전할 수 없습니다. '대승'이라는 용어는 상좌부가 기존에 존재해 있었기에 생겨난 것이고 후에는 그 대승을 뛰어넘는 의미인 일승(一乘, ekayana: 하나의 수레)이란 말도 등장합니다. 일승 앞에서 대승은 쪼그라듭니다. 진보라는 말도 마찬가지입니다. 보수가 있기에 상대적인 의미에서 진보라 부르는 것이지 그 진보도 자신보다 더 진보적인 사상 앞에서는 보수일 수밖에 없습니다. 홀로 절대적인 대승이고, 홀로 절대적인 정통이고, 홀로 절대적인 진보라는 것은 애초에 없습니다. 모든 것은 서로 의지해서 일어납니다. 이것이 불교의 연기(緣起)사상입니다.

진묵 스님의 일화에서도 아라한으로 대변되는 상좌부 불교와 진묵 스님으로 대변되는 대승불교의 치열한 공방이 펼쳐지고 있습니다. 당시에 이 땅에 그러한 논쟁이 있지도 않았지만 이상하게도 이 이야기는 그러한 대립 구도를 적절히 담아냄으로써, 또 누구의 손도 일방적으로 들어주지 않음으로써 현재 한국에서 벌어지고 있는 대승불교와 상좌부 불교의 갈등과 대립에서 참고할 만한 가르침을 전해주고 있습니다. 이는 설화라는 전승이 지니는 묘미, 즉 민중이 지닌 중도의 지혜와 양극단에 치우치지 않으려는 불교적 사상이 녹아 있는 이야기라 할 수 있습니다.

학(鶴)들의 스토킹

먼 옛날 인도에 학율나라는 승려가 있었다. 그의 스승은 지혜가 높은 마다라 존자였고, 더 거슬러 올라가면 세상만물이 오직 마음의 경계이고 마음의 흐름이라고 선언한 불교 유식학[23]의 초석을 놓은 바수반두[24]의 법맥에 속하는 승려였다. 그에겐

---

23 유식학파는 중관학파와 더불어 인도 대승불교의 양대 산맥을 이루는 학파로, 주체와 대상, 주관과 객관이라는 서구의 이분법적 인식의 틀을 거부하고 우리가 외계의 사물이라고 여기는 것 또한 결국 내면적 의식의 소산임을 주장합니다. 흔히 이 학파의 기치는 유식무경(唯識無境)이라고 일컬어지는데, 오직 의식만 있고 외계의 대상(경계)의 실체는 없다는 뜻입니다.

24 4세기 무렵에 살았던 인도의 승려로, 대승불교 유식학의 완성자입니다. 바수반두를 의역해서 '세친(世親)'이라 부르기도 합니다.

승가의 계율 가운데 승단 밖으로 내쳐지는 큰 죄 중의 하나는 수행자가 자신이 깨달음을 얻지 못했으면서 깨달았다고 남을 속이거나 그것을 이용해 신도들의 공양을 받는 일입니다. 이 벽화 이야기는 불교가 자비를 핵심으로 하지만 진리와 깨달음의 문제에서만큼은 자비롭지 않음을 잘 드러냅니다. 진리에 관한 잘못된 가르침은 자신과 남을 모두 망치는 일이기 때문입니다. 〈합천 해인사〉

풀리지 않는 의문이 하나 있었다. 어느 날부터인가 그가 길을 나서기만 하면 학떼가 날아와서 그의 주변을 빙빙 돌며 울부짖어 성가시게 만드는 일이었다. 마치 뭔가를 호소하는 듯한 학떼의 구슬픈 울음소리를 들을 때마다 그는 필경 어떤 사연이 있으리라 짐작했지만 자신의 전생을 명확히 볼 수 있을 만큼 공부가 되지 못했기에 그 이유를 속 시원히 알지 못했다.

결국 괴로움을 이기지 못한 그는 스승인 마다라 존자에게 도움을 청하기로 결심했다. 마침 마다라 존자는 설법을 위해 인도 남부의 어느 사원에 머물고 있었기에 그는 스승을 찾아 먼 길을 떠났다. 스승을 찾아가는 동안에도 학들은 학율나의 곁을 끊임없이 따라다녔다. 스승을 만난 학율나가 탄식하듯 물었다.

"스승님, 제가 길을 나서면 학들이 제 주변을 따라다니며 운 지 몇 해가 흘렀습니다. 제가 선정에 들어 그 연유를 알고자 하여도 공부가 모자라서 헤아리지 못하겠습니다. 필경 전생부터 이어진 인연이 있을 터인데, 스승님은 숙명통[25]을 비롯한 육신통[26]을 지니신 분이니 부디 저를 위해 한 말씀만 해주시길 바랍니다."

마다라 존자는 잠시 눈을 감고 전생을 살펴보더니 딱한 제자를 위해 입을 열었다.

---

25 나와 남의 전생을 보는 능력.
26 수행의 결과 얻을 수 있는 여섯 가지 신통력. 모든 것을 다 보는 천안통, 모든 소리를 듣는 천이통, 상대의 마음을 아는 타심통, 나와 남의 전생을 보는 숙명통, 어디든 마음대로 다닐 수 있는 신족통, 다시는 윤회하지 않는 누진통이 있습니다.

"너는 아주 까마득한 전생에 덕이 높은 비구였구나. 네 계행과 수행이 높아 문하에 승려를 500명이나 거느리고 있는 큰 승려였지. 재가신도[27]들도 너를 초청해 공양을 바치는 것을 큰 공덕으로 삼았고, 하늘의 제석천[28]과 바다의 용왕도 늘 너를 흠모하여 공양을 바치기를 꺼리지 않았다. 그러다 문제가 발생했구나."

"그게 무엇입니까?"

"어느 날 용왕이 너를 용궁에 초청했을 때 제자들이 너에게 불만을 토로했다. 왜 스승님은 늘 혼자만 가셔서 귀한 음식을 드시느냐, 우리도 함께 가야 하는 것 아니냐, 매사에 분별 없이 평등하게 마음을 내라고 하시곤 왜 하늘의 공양이나 용궁의 공양은 혼자서만 독점하시는 것이냐고 불평을 쏟아냈지."

"그것은 아니지요. 공양이란 받을 자격이 있는 자가 받아야 하는 것이지 자격이 없는 자가 원한다고 해서 함부로 받을 수 있는 건 아니지 않습니까?"

"그렇지. 무차별한 평등이 아니라 진실로 그 공양을 받을 자격이 있는 아라한의 경지가 되어서 공양을 받는 것이 법다운 것이지. 그런데 너는 제자들을 너무 아끼다 그 원칙을 깨고 말았다. 네가 보기에 500명의 대중 가운데 용왕의 공양을 받을 만큼 공부가 된 이가

---

27 출가하지 않고 가정생활과 사회생활 및 경제활동을 하면서 출가 집단인 승단을 경제적으로 돕고 출가자들의 가르침을 통해 수행을 해나가는 불교도.

28 고대 인도의 브라만교의 경전 『리그베다』에 등장하는 번개의 신 인드라(Indra)가 불교에 수용되면서 제석천으로 바뀌었습니다. 제석천은 동양에선 흔히 옥황상제로 인식됩니다.

하나도 없었음에도 그들의 불평을 막고자 그들까지 데리고 용궁에 간 것이지."

학율나가 한숨을 쉬며 말했다.

"그런 일을 저질렀으니 제가 세세생생 윤회를 거듭해서 이 자리까지 온 것이군요. 그렇다면 학들은 그 일로 자신의 복을 감한 제자들이 날짐승의 몸을 받아 이렇게 저를 쫓아다니는 것입니까?"

마다라 존자는 말없이 고개를 끄덕였고, 학율나는 간절하게 법을 청했다.

"어떤 방편으로 저와 저들의 불행한 인연을 끊고 업보를 풀 수 있겠습니까? 스승님, 부디 법을 설하시어 저들을 해탈할 수 있게 해주시옵소서."

"밖으로 나가자. 어서 앞장서거라."

학율나는 스승을 모시고 사원 밖으로 나왔다. 순간 학들은 기다렸다는 듯이 학율나를 둘러싸며 구슬피 울었다. 마다라 존자가 학들에게 외쳤다.

"학들아, 너희에겐 무상법보(無上法寶: 불성)가 숨겨져 있으니 그것으로 이 게송²⁹을 잘 들어보아라. 그리하여 날짐승의 윤회를 벗어나 속히 업을 마쳐라."

마다라 존자는 주장자를 손에 쥐고 게송을 천천히 읊었다.

---

29 운문으로 부처님의 공덕을 찬탄하거나 교리를 기록한 것을 말합니다.

마음은 만물의 경계에 따라 옮겨가면서 움직이나(心隨萬境轉)

마음이 움직이는 곳은 모두가 깊고 깊은 곳에 미치니(轉處悉能幽)

마음의 흐름 따라 부처가 될 수 있음을 안다면(隨流認得性)

즐거움도 없고 근심도 없는 경지에 이르노라(無喜亦無憂)

　게송을 들은 학들은 학율나의 머리 위에서 크게 한번 울더니 멀리 사라져 다시는 돌아오지 않았다.

해탈이라는 졸업 시험

"내가 저런 친구한테 10년 넘게 스토킹을 당했어요. 오죽하면 제가 불교로 전향을 했을까요. 오직 불교만이 이 사태를 설명하는 합리적 설명을 제시해주거든요. 그러니까 내가 전생에 저 친구한테 뭔가 못된 짓을 한 겁니다."

한 논쟁적 지식인이 자신의 트위터에 올린 글입니다. 목사의 아들로 자라난 이분이 이런 글을 쓰게 된 배경에는 자신에게 벌어진 일이 자신의 상식과 지식으론 이해가 되지 않았기 때문입니다. 누구나 살다 보면 다양한 인간관계를 갖게 되는데 도저히 상식으로는 설명할 수 없는 관계들이 있습니다. 특별히 해준 것도 없는데 지극히 나를 아껴주는 사람이 있는가 하면, 최선을 다해 애정을 쏟아도 늘 부족해하고 불만을 가지는 사람도 있습니다. 인간의 고통은 그 이유를 스스로 알 수 없을 때 배가됩니다. 이번 생이 처음이자 마지막이라는 가정하에선 이러한 특수한 관계들이 잘 납득이 되지 않습니다. 그런데 시간을 태어나기 이전으로 돌려 전생이 있었다고 가정해보면 어렴풋한 느낌이 오는 것도 사실입니다. 하지만 만약 전생에 모든 것이 이미 결정되어 있다면, 그래서 현생에서 내가 받을 즐거움과 고통이 정해져 있다면 이러한 생각이 운명론과 어떤 차이가 있을까요?

결론부터 말하자면, 불교는 결코 운명론을 신봉하는 종교가 아닙니다. 그런데 불교는 이를 이용하는 사람들의 의도에 따라 운명론으로 둔갑시키기 좋은 사상적 바탕을 가지고 있습니다. 바로 윤회론과 업론입니다. 삼국시대에 불교가 이 땅에 들어온 이유는 왕권 강화라는 정치적 목적에서였습니다. 지배계급들은 불교의 윤회론과 업론으로 현재를 정당화시키려 했기 때문입니다. 왕은 전생에 복덕을 많이 지은 사람이라 백성들을 지배하는 왕족으로 태어났기 때문에 왕으로서 대우를 받을 만한 정당한 자격이 있다고 주장합니다. 심지어 왕과 부처를 동일화시키기도 합니다. 석가모니의 출생담을 보면 예언가가 그의 아버지 정반왕을 찾아와 아직 어머니 배속에 있는 석가모니에 관해 "당신의 자식은 만인이 우러르는 강력한 대왕이 되거나 출가하여 세상 사람들을 구제하는 사문이 되리라"고 예언했기 때문입니다. 신라의 선덕여왕 같은 경우는 전생에 인도 크샤트리아(왕족) 종성[30]으로 부처님에게 '다음 생에는 부처가 되리라'는 수기(授記)를 받은 사람이라고 『삼국유사』에 나옵니다. 따라서 출신 성분부터가 고구려나 백제의 왕들하고 비교가 되지 않는

---

30 혈통, 성품, 깨달을 수 있는 근본 자질을 의미합니다.

다는 것이죠. 같은 왕이라도 이렇듯 불교적 세계관을 빌려와 차별을 두고 싶어 하는 것이 당시의 풍조였습니다.

그러나 이러한 윤회론과 업론은 불교만이 지닌 세계관은 아닙니다. 불교가 발생하기 이전부터 있었던 인도의 전통 사상입니다. 인도의 신분제는 아주 강력해서 현대까지 이어지고 있습니다. 브라만, 크샤트리아, 바이샤, 수드라의 4종성으로 이루어진 철저한 계급 사회는 다른 계급 간의 혼인이나 계급을 벗어난 사회적 활동을 제약하고 있습니다. 이러한 신분제를 공고히 받쳐주고 있는 것이 바로 윤회론적 운명론입니다. 그런데 불교는 당시 인도에서 이러한 운명적 계급 질서를 승려 공동체(승가) 안에서 상당히 허물어버렸습니다. 특히 석가모니 부처님의 10대 제자 가운데 가섭이란 승려는 브라만 출신으로 계급의 정점에 속하는 사람입니다. 이런 이가 자신보다 계급이 낮은 크샤트리아 출신인 석가모니에게 와서 제자가 되었다는 것은 의미하는 바가 깊습니다.

이렇듯 불교는 전생의 업이나 윤회를 영원불변한 절대적인 체계로 바라보고 그것에 따라야 한다고 주장하지 않습니다. 도리어 그러한 윤회와 업력의 틀을 어떻게 타파하고 벗어날 것인가를 고민하는 종교입니다. 불교에서 해탈은 일종의 졸업 자격시험 같은 것입니다. 시험에 통과하지 못하면(깨닫지 못하면) 우리는 다음 해(내생)에 또 고생을 하고 다시 시험을 봐야 합니다(윤회). 통과하지 못한 사람들은 졸업 시험 성적에 따라 천상도, 인간도, 아수라도, 축생도, 아귀도, 지옥도 등 여섯 개의 반(육도 세계)으로 나뉘게 됩니다. 여기서

천상도는 생전에 믿음과 보시(타인에게 재물을 베푸는 것)와 계율을 지키는 것 등 윤리 과목의 점수가 높은 자, 인간도는 오계에 대한 인식이 있는 자(할 일과 하지 말아야 할 것 간의 개념이 있는 자), 아수라도는 화를 잘 내고 싸움을 일삼는 자, 축생도는 어리석음과 탐욕이 많은 자, 아귀도는 인색함과 집착이 강한 자, 지옥도는 잔인한 행동과 살생을 저지른 자들로 각각 배정된다고 합니다.

보통 다음 졸업 시험 통과율은 천상반 학생들보다는 인간반 학생들이 더 높습니다. 천상반은 전생에 지은 선업의 과보로 즐거움을 누리느라 마음이 느슨해져 공부나 수행을 할 마음이 생기지 않기 때문입니다. 물론 천상의 즐거움은 영원히 누릴 수 없습니다. 자신이 누려야 할 업력이 다하면 다시 윤회하면서 육도를 떠돌게 됩니다. 하지만 인간반은 삶 속에서 고통과 즐거움을 반복하면서 깨닫는 바가 있어 윤회를 끊기 위한 수행에 나설 확률이 높습니다. 나머지 반들은 졸업이 불가능한 것은 아니지만 모두 인간 이하의 삶이라 수행까지 기대하기 어렵습니다. 그래서 불자들은 경전을 독송

하기 전에 인간으로 태어난 이번 생에 깨달음을 얻을 수 있는 기회를 놓치지 않겠다는 마음으로, 중국의 측천무후가 『화엄경』을 보고 감동의 눈물을 흘리며 지었다고 알려진 개경게(開經偈: 경을 여는 게송)를 암송합니다.

위 없이 깊고 깊은 미묘한 불법은(無上甚深微妙法)
백천만 겁을 윤회한다고 해도 만나기 어려우나(百千萬劫難遭遇)
내가 지금 듣고 보고 지니게 되오니(我今聞見得受持)
부처님의 진실한 뜻을 깨닫기 원합니다(願解如來眞實義)

색신(형상의 몸)이 부처가 아니며
음성 또한 그러하나
색신과 음성을 떠나야만
부처님의 신통력을 보는 것도 아니다.

_「화엄경」

미인은 종종
불경을 가지고 나타난다

중국 당나라 때 협부 지역에는 포악한 사람들이 많이 모여 살았다. 협부는 방화와 약탈은 물론이고 살인과 강간도 비일비재하게 일어나는 흉악한 곳이었다. 협부 사람들은 불교엔 관심이 없었고, 승려가 나타나면 몽둥이로 후려치거나 돌멩이를 던져 멀리 내쫓았다. 어느 날, 협부 시내에 전에 보지 못했던 아리따운 여인이 나타났다. 어디서 왔는지, 누구인지 알 수 없었지만 미녀의 백옥 같은 피부와 붉은 입술, 단정한 눈매와 청아한 음성, 사뿐사뿐 걸음을 옮길 때마다 은은하게 퍼지는 묘한 향기에 협부의 사내들은 넋을 빼앗겼다. 그러나 미녀의 모습엔 함부로 범할 수 없는 고아함

불자들에게 관음보살의 성별이 무엇이냐고 물으면 대부분 여자라고 답할지도 모릅니다. 설화나 불교 영험담에서 관음보살은 여자의 몸으로 자주 나타날 뿐만 아니라 불화나 조각상에서도 통통한 살집, 흘러내리는 긴 머리카락, 치렁거리는 목걸이와 팔찌 등을 차고 있어 여자로 오해하기 쉽습니다. 그러나 대승보살 조각상의 원형으로 거슬러 올라가 보면 보살은 아름답고 수려한 남성을 표현한 것이란 사실을 알게 됩니다. 하지만 대승에서 성별은 의미가 없습니다. 보살이 여성이냐, 남성이냐를 가르는 것도 단지 중생들의 이분법적 집착 때문입니다. 〈단양 구인사〉

과 범상치 않은 기운이 서려 있어 사내들은 힘으로 미녀를 취하지 못하고 그저 뒤만 졸졸 따라다녔다. 협부의 사내들이 마침내 용기를 내어 청혼을 하자 미녀는 빙긋 웃으며 말했다.

"소녀의 몸은 하나이고, 저를 아내로 삼고자 하는 분들은 이렇게 많으니 참으로 곤혹스럽습니다. 소녀가 한 가지 제안을 하겠으니, 제 제안을 성실히 지키신 분과 백년가약을 맺고 싶습니다."

사내들은 몸이 달아 무슨 제안이든지 받아들이겠다고 미녀에게 다짐했다. 미녀는 사내들에게 책을 한 권씩 나눠주며 말했다.

"이것은 『관음경』인데 안에 담긴 내용이 귀하고 상서로워 보는 이의 눈을 밝게 하고 마음을 맑게 만든다고 합니다. 이 경전을 내일까지 모두 외워 오시는 분과 부부가 되겠습니다."

다음 날 스무 명 남짓한 사내들이 하룻밤 만에 『관음경』을 외워 가지고 나타났다. 미녀는 곤란한 표정을 지으며 말했다.

"『관음경』을 하룻밤 만에 외우신 분들이 이렇게 많을 줄은 미처 생각하지 못했습니다. 고생하셨지만 이번에는 『금강경』을 하룻밤 만에 외우시는 분의 아내가 될 생각입니다."

사내들은 미녀에게 『금강경』 한 권씩을 얻어 집으로 달려가 열심히 외웠다. 다음 날 스무 명 중 다섯 명만이 『금강경』을 외워 미녀 앞에 나타났다. 미녀는 다섯 명의 사내들을 격려하며 다음과 같이 말했다.

"이제 조금만 더하면 제 배필을 찾을 수 있을 것 같군요. 이번에는 『법화경』입니다. 일곱 권 7만자로 이루어진 경전이지만 진정으로 소녀를 원하시는 마음이 크다면 꼭 외우실 수 있으리라 믿습니다. 사흘의 말미를 드릴 테니 포기하지 마시고 끝까지 소녀를 위해 노력해주세요."

사흘 후, 마랑이라는 사내 혼자만 『법화경』을 모두 외워 미녀 앞에 나타났다. 미녀는 붉게 물든 얼굴을 팔로 가리며 말했다.

"드디어 제게 어울리는 낭군님을 만나게 되었군요. 그럼 어서 집으로 돌아가셔서 혼인 날짜를 잡으시고 예식을 준비해주세요. 혼례만 올리면 소녀는 낭군님의 것입니다."

마랑은 천하를 다 얻은 기분이 되어 서둘러 날짜를 잡고 꼼꼼하게 혼례 준비를 하기 시작했다. 마침내 혼례 당일, 아름답게 단장한 미녀가 대례청으로 내려서는 모습은 선녀가 하늘에서 내려오는 모습과 진배없었다. 그러나 미녀는 이를 흐뭇하게 바라보던 마랑 앞에 서더니 갑자기 바닥에 풀썩 쓰러져버렸다. 마랑은 미녀를 급히 방에 눕히고 지성으로 간호했으나 미녀는 혼수상태에서 깨어나지 못하더니 그날 밤 죽고 말았다. 혼례에 쓰기 위해 준비한 음식과 술은 고스란히 미녀의 장례에 쓰였다. 마랑은 사무친 그리움과 비통함에 젖어 세상을 등지고 날마다 미녀의 무덤을 찾아 서럽게 우는 것으로 하루하루를 보냈다. 마랑이 그렇게 달포를 보내던 어느 날, 마침 무덤가를 지나가던 붉은 옷의 승려가 마랑에게 다가와 물었다.

"누구의 묘이기에 그리 슬피 우는 게요? 만일 부모님의 묘라면 그대는 효자로군요. 어쩌겠소. 시작이 있으면 반드시 끝이 있는 법이니 너무 상심하지 마시오."

"아니오. 내가 사랑했던 여자의 무덤이오. 협부에서 아름답기로 소문났던 그녀를 혼례 당일에 잃고 이렇게 원통함을 삭이고 있을 뿐이오."

"그럼, 한 달 전쯤 홀연히 나타나 사람들에게 경전을 나누어주던 그 미녀를 말하는 것이오?"

마랑이 고개를 끄덕이자 승려는 잠시 눈을 감더니 나직하게 말했다.

"만약 그녀를 다시 보고 싶다면 지금 당장 무덤을 파고 관을 열어 확인해보시오. 그녀를 다시 만날 수 있으리다."

그 말에 마랑은 지푸라기라도 잡는 심정으로 무덤을 파헤쳐 관을 열었다. 관 속에는 미녀의 시신 대신 황금으로 된 사슬이 놓여 있었다. 승려가 황금 사슬을 바위 위에 올려놓자 관음보살이 나타나 자애롭게 웃더니 곧 사라졌다. 승려는 관음보살이 사라진 자리를 향해 정성스럽게 예경하며 말했다.

"내가 불법을 모르는 협부 사람들을 구제하고자 하는 원(願)을 세우고 산에 들어가 초막을 짓고 50일 동안 관음 기도를 올렸소. 그 기도가 끝난 다음 날 나타난 미녀가 바로 관음보살의 화신이오. 관음보살님이 미녀의 몸으로 내려와 육체의 아름다움과 삶이 얼마나 허망한 것인지 직접 보여주신 게지요."

이 말을 들은 마랑은 크게 깨우친 바가 있어 머리를 깎고 승려가 되었고, 협부 사람들 곁에 머물며 그들을 교화하는 데 평생을 바쳤다.

거짓말의 미학

이 벽화 이야기는 고려시대 때 요원이라는 승려가 편찬한 『법화영험전』에 나오는 이야기입니다. 『법화영험전』은 중국의 『법화경』과 관련한 영험담들을 발췌해서 엮은 것입니다. 『법화영험전』에는 중국 이야기 이외에도 신라나 고려시대에 『법화경』을 믿고 실천하면서 생긴 기이한 영험담도 수록되어 있어서 한국 불교 설화와 국문학 연구에 귀중한 자료가 되기도 합니다. 이러한 영험담의 확산은 분명 초기 불교에서 스스로 깨달음을 중요시하는 분위기와는 상당히 다른 면모를 지니고 있습니다. 이미 '영험'이란 말 자체에서 기복적이거나 반불교적인 냄새를 맡고 비판적으로 바라보는 이들도 상당수 있을 겁니다. 하지만 합리적이고 이성적인 시각으로만 종교를 재단하는 이들이 놓치고 있는 것은 불교 가르침의 특징 가운데 하나가 방편(方便)의 종교라는 사실입니다.

　방편은 산스크리트로 우파야(upāya)라고 하는데, '도달하다', '접근하다'라는 뜻을 지니고 있습니다. 불교의 방편은 그냥 방편이 아니라 선교방편(善巧方便: 깨달음을 이루기 위한 오묘하고 훌륭한 가르침)이라는

데 특징이 있습니다. 곧 지혜로 이루어진 방편인 것이죠.

지혜를 아직 갖추지 못한 중생은 자신에게 이익이 되는 일이나 사태의 실상을 누군가 말해주어도 좁은 생각에 사로잡혀 그것이 진짜 좋은 것인 줄 모르고 자신의 주장만을 고집합니다. 예를 들어, 세 살 난 아이 앞에 천 원짜리 지폐와 오만 원짜리 지폐가 각각 한 장씩 놓인 경우를 생각해봅시다. 만약 어른들에게 둘 중 하나를 가지라고 하면 대부분 오만 원짜리를 집어들 것입니다. 돈의 가치를 알기 때문입니다. 그러나 아이는 돈의 가치를 판단할 수 없기 때문에 그때의 기분이나 촉감, 색상, 냄새 등으로 판단해 무작위로 아무것이나 집어들 것입니다. 그러고선 최고의 선택을 한 것처럼 행복해할 것입니다. 불교는 이처럼 깨달음과 청정한 마음으로 살아가는 것의 가치를 제대로 파악하지 못하는 어린아이 같은 사람들을 위해서 자비를 토대로 여러 가지 방법(방편)을 사용합니다.

『법화경』에는 우매한 중생들을 깨우치기 위한 불교의 방편에 대한 훌륭한 비유가 여러 가지 나오는데, 그중의 하나가 장자가 불이 난 집에서 아이를 나오게 하는 방법입니다. 장자의 집에 불이 났는데 아들 셋은 나올 생각을 하지 않습니다. 장자가 밖에서 아이들에게 불타는 집에서 나오면 크고 흰 소가 끄는 아주 희귀하고 훌륭한 수레(대백우거)를 선물로 주겠다고 합니다. 그러나 아이들은 그 수레의 가치를 모르고 그보다 못한 사슴이 끄는 수레(녹거), 양이 끄는 수레(양거), 보통 소가 끄는 수레(우거)를 달라고 떼를 씁니다. 장자는 그러겠다고 약속합니다. 그래야 아이들의 목숨을 건질 수 있기 때문입니다. 아이들이 나오자 장자는 아이들에게 대백우거를 선물합니다. 물론 아이들은 그 수레를 보고 더욱 좋아했음은 말할 필요가 없습니다.

우리가 흔히 기복 불교의 형태라고 부르는 것은 대백우거가 아닌 자질구레한 수레(녹거·양거·우거)를 주겠다고 약속하는 것과 비슷합니다. 이러한 영험과 이적, 가피[31] 등이 강조되는 이유는 불법이란 높은 가르침을 받아들일 준비가 되지 않은 사람들에게 그들이 원하고 이해할 수 있는 눈높이 수준으로 교화해야 하기 때문입니다. 따라서 세속적 영험과 기복이라는 방편을 불교에서 쉽사리 삭제하긴 힘듭니다. 하지만 이것만을 보고서 불교는 단지 영험을 추구하는 종교라고 단정 지어서는 곤란합니다. 기복이나 영험을 넘어선 불교의 다채롭고 심오한 선교방편의 의미는 협부의 미녀로 변한 관음보살이나 『화엄경』에서 자신과 잠자리를 가진 남자들이 그날 이후로 정욕을 끊고 불도에 매진하도록 만든 바수밀다에게서도 잘 나타납니다. 특히 『삼국유사』에 설화로 수록된 조신지몽(調信之夢: 조신의 꿈)은 이러한 방편의 깊은 상징성을 드러냅니다. 내용을 간추려서 소개하면 다음과 같습니다.

젊은 승려 조신은 기도를 드리러 절에 찾아온 태수 김흔의 딸을 본 순간부터 사모하게 됩니다. 그래서 여러 번 낙산사 관음보살 앞에 가서 그 처자와 함께 살게 해달라고 빕니다. 깨달음을 추구하기

---

31 불보살이 자비심으로 중생을 구제해주는 것.

위해 구도자의 길에 들어서놓고선 목표가 하향조정된 것이죠. 그런데 세월이 지나 그 처녀는 배필이 생겨 시집을 가게 되고, 그 소식을 들은 조신은 불당에서 관음보살이 자신의 소원을 들어주지 않았다고 원망하며 울다가 잠이 듭니다. 그렇다면 불교의 선교방편은 간단합니다. 조신의 '꿈'을 이루어주는 것이죠. 조신은 꿈에서 드디어 그 처녀와 고향으로 내려가 다섯 명의 아이를 두고 삽니다. 원했던 꿈을 이루게 된 것이죠. 하지만 조신은 자신의 생각대로 행복하게 살지 못했습니다. 점차 살림은 곤궁해지고 큰아들은 굶어 죽고 딸은 밥을 빌러 다니다 개에게 물려 앓아눕게 됩니다. 게다가 세월이 지나니 부인의 미모는 온데간데없고 병들고 초라한 노파만 앞에 있을 뿐입니다. 예전에 그토록 꿈꾸고 원했던 것이 이제는 슬픔과 비통함으로 변하고 만 것입니다. 부부는 결국 아이를 둘씩 데리고 각자 살길을 찾아 헤어지는데, 거기서 잠이 딱 깹니다. 이런 생생한 꿈을 꾼 조신의 마음이 어떻게 변화했을지는 예상할 수 있을 것입니다.

꿈과 현실은 명백히 다르다고 생각하는 분도 있을 겁니다. 그런데 꿈을 꾸면서 그것이 꿈인 줄 아는 사람이 몇이나 될까요? 꿈이 꿈인 줄 모르기에 우리는 꿈속에서 화를 내기도 하고 안타까워하기도 하고 두려움에 떨기도 하고 즐거워하기도 합니다. 꿈에서 깨어나야 비로소 그것이 꿈인 줄 아는 것이지, 꿈에서는 현실과 하등 다르지 않게 여겨지는 것입니다. 꿈과 명확하게 분리하는 현실도 실상을 모조리 파악한 '깨달은 이'의 눈으로 보자면 한낱 백일몽을 꾸는 것과 다르지 않습니다. 우리는 현실을 살면서 그것이 왜곡된 욕망과 무의식이 만들어낸 꿈에 지나지 않는다는 사실을 깨닫지 못하기에 그것이 영원하고 진짜라고 생각해서 울고 웃고 안타까워하거나 남을 속이고 해치면서 욕심을 부리는 것이죠. 깨닫지 못한 우리에게는 꿈이든 현실이든 자신의 미망에 빠져 갖은 번뇌를 일으키며 살고 있다는 점에선 하등 다를 바가 없습니다.

08

대승불교의 세계관

아, 달다!

한 사내가 끝없는 들판을 걷고 있었다. 딛는 곳마다 풀과 꽃들이 만발했고, 하늘은 푸르고 흰 구름은 느긋하게 흘렀다. 모든 것이 안정되고 평화로운 길이었다. 그런데 어디선가 한줄기 바람이 불었다. 바람은 꽃들과 풀들을 쓰러뜨리며 다가와 사내의 목덜미를 싸늘하게 휘감고 지나갔다. 순간 사내는 알 수 없는 공포에 휩싸였다. 평온했던 마음은 어느새 조급해지고 불안해졌다. 그때 멀리서 무슨 소리가 들려오자 사내는 뒤를 돌아보았다. 들판 끝에서 검은 물체가 쿵쿵거리는 소리를 내며 다가오고 있었다. 사내는 머리가 쭈뼛거리는 것을 느끼며 그 물체를 주시했다. 사내는

안수정등 벽화는 불교적 세계관과 인생관을 압축하는 내용을 담고 있습니다. 코끼리는 세월의 무상함, 넝쿨은 인간의 수명, 우물은 육도윤회[32], 흰 쥐와 검은 쥐는 낮과 밤, 다섯 마리의 벌꿀은 재물욕·색욕·식욕·명예욕·수면욕 등 다섯 가지 욕망, 꿀은 오욕에 이끌려 중생이 맛보는 쾌락, 독사는 죽음을 의미합니다. 그러나 이런 교리적 측면을 엄밀하게 반영해서 그려진 벽화는 찾아보기 힘든 실정입니다. 〈합천 해인사〉

얼마 지나지 않아 그 검은 물체가 큰 귀와 긴 코, 날카로운 상아를 번뜩이는 분노한 코끼리임을 알아차렸다. 무엇 때문에 화가 났는지, 왜 자신을 향해 다가오는지 알 수 없었지만 사내는 그 거대한 코끼리로부터 도망쳐야 한다는 것을 직감적으로 알아차렸다. 사내는 달리기 시작했다. 그러나 아무리 달려도 코끼리와 멀어지기는커녕 분노한 코끼리의 거친 숨소리가 더 가깝게 들려왔다. 사내는 곧 온몸이 땀에 흠뻑 젖고 숨이 가빠 더는 도망칠 수 없는 상태에 이르렀다. 하지만 불운하게도 사내 앞에 나타난 것은 낭떠러지였다.

'아, 여기서 코끼리에게 짓밟혀 죽거나 낭떠러지에 떨어져서 죽겠구나.'

사내가 자포자기의 심정으로 주변을 급히 둘러보는데 몇 발자국 떨어지지 않은 곳에 절벽에서 자라난 나무 한 그루가 눈에 들어왔다. 그러나 나무는 그리 높지 않아 설령 나무 꼭대기에 오른다 할지라도 코끼리의 위협에서 벗어나기 힘들어 보였다. 그나마 나무를 휘감고 절벽 아래로 늘어뜨려진 등나무 넝쿨이 있는 것이 천만다행이었다. 사내는 곧 넝쿨을 잡고 절벽에 대롱대롱 매달렸다. 어느새 쫓아온 코끼리는 절벽 가장자리에 서서 씩씩거리는 소리를 내며 사내가 다시 올라오기를 기다리고 있었다.

'다행이다. 언제까지 버틸지 모르지만 여기서 잠시 한숨을 돌릴 수 있겠군.'

---

32 여섯 가지의 세계를 전전하며 다시 태어남을 반복하는 것입니다. 여섯 가지의 세계란 천상도, 인간도, 아수라도, 축생도, 아귀도, 지옥도를 말합니다.

사내가 아래를 내려다보자 절벽 아래에 우물이 보였다. 잘만 떨어지면 크게 다치지 않고 우물 속으로 들어갈 수 있을 것 같아 희망이 샘솟기 시작했다. 그런데 가만히 살펴보니 우물 속에는 네 마리의 독사가 사내가 떨어지길 기다리며 혀를 날름거리고 있었다. 사내는 다시 절망에 빠졌다. 등나무 넝쿨을 잡은 손에서 힘이 점점 빠져나가고 있었다.

이런 상황에서 무언가가 넝쿨을 갉아 먹는 소리가 들렸다. 위를 쳐다보니 검은 쥐와 흰 쥐가 번갈아가며 사내가 의지한 등나무 줄기를 갉아대고 있었다.

'아, 저놈의 쥐새끼들이 날 결국 사지로 몰아넣는구나.'

사내는 자신도 모르게 탄식을 하며 입을 벌렸다. 순간 다섯 마리의 벌꿀이 만들어놓은 나뭇가지 위의 벌통에서 꿀 한 방울이 떨어져 사내의 입속으로 쏙 들어갔다. 위급한 순간에도 사내는 단맛에 취해 한 방울 한 방울 떨어지는 꿀을 기다리며 입을 벌리고 자신이 처한 상황을 까마득히 잊었다.

'바로 여기'와 '지금 이 순간'

이 벽화 이야기는 『불설비유경』에 나오는 유명한 안수정등(岸樹井藤)의 비유입니다. 안수정등이란 절벽, 나무, 우물, 등나무를 합쳐서 부르는 말인데, 이 비유는 중생의 딱함을 드러내기 위해 설해진 것입니다. 언젠가는 반드시 죽어야 할 운명을 지닌 중생이 자신의 처지는 잊고 천년만년 살 것처럼 순간순간의 쾌락과 욕망에 의지해 우매하게 살아가는 것을 깨우쳐주기 위한 비유입니다. 이 비유는 석가모니가 세상은 '불타는 집'이라고 설한 것과 다르지 않습니다. 현명한 이라면 불이 난 집에서 오래 머물 리가 없겠죠. 그런데 탐욕으로 가득 찬 중생은 '아 뜨거, 아 뜨거' 하면서도 찰나찰나 일어나는 욕망과 쾌락 때문에 그 집에 계속 머물다 죽음을 맞고 마는 것입니다.

그런데 안수정등은 선가(중국 선종)의 중요한 화두로 쓰이기도 합니다.

스승이 제자들을 모아놓고 물었습니다.

"안수정등의 상황에서 사내는 어찌해야 위기를 벗어날 수 있겠는가?"

첫 번째 제자가 나서서 답합니다.

"어젯밤 꿈일 뿐입니다."

스승의 얼굴이 그다지 밝지 않자 두 번째 제자가 답을 합니다.

"부처가 다시 부처가 될 순 없습니다."

그러나 스승은 고개를 가로젓습니다. 이때 마지막 제자가 나서
서 한마디 던집니다.

"아, 달다!"

이 대답에 스승은 웃으면서 아주 흡족해합니다. 스승과 제자 사
이에 어떤 뜻이 오고 갔는지 눈치채셨습니까? 흔히 일반적인 상식
으로는 도저히 이해할 수 없는 말을 서로 주고받는 사람들에게 우
리는 "너희들 지금 선문답하니?" 하고 핀잔을 주곤 합니다. 그런데

이건 진짜 선문답입니다.

원래 선문답은 해석할 수도 없고, 상식으로는 풀려고 해서도 안되는 것입니다. 합리적인 상식이나 이성에 기초한 것이 아니라 매우 높은 정신적 경지, 다시 말해 무분별의 경지에서 묻고 답한 것이기 때문입니다. 그러나 이렇게 선문답의 비이성적 요소만 잔뜩 부각시켜놓으면 누군가에겐 불교가 신비한 것인 양 오해되기 십상이고, 누군가에겐 선문답 자체가 헛소리로 취급되어 우리의 일상과 멀어져만 갑니다. 그래서 '불가피하게' 이 선문답을 여러분들이 이해할 수 있는 수준으로 한번 설명해보려고 합니다.

먼저 첫 번째 제자의 답변에 대한 풀이입니다. 대승불교에서 중생이란 초기 불교와는 달리 부처와 별도의 차원에 속한 존재가 아니라 자신이 부처인 것을 모르는 부처를 말합니다. 중생들이 본래 지닌 부처의 성품을 불성(佛性)이라고 하는데, 우리들 안에 이미 부처로서의 씨앗이 심어져 있다는 말입니다. 중생들에게 심어진 불성은 대승불교를 관통하는 키워드입니다. 대승불교에서는 중생들이 이 세상을 살면서 느끼는 고통은 꿈(무명)에서 깨지 못하기 때문이고, 자신이 본래 부처임을 알지 못해서 생기는 해프닝입니다. 따라서 악몽에서 벗어나는 방법은 새로운 존재로 바뀌어야 하는 것이 아니라 단지 감은 눈을 뜨기만 하면 되는 것입니다. 악몽에서 깨어난 사람에게는 그 고통이 단지 어젯밤에 꾸었던 꿈일 뿐이니 지금에 와서 다시 그 꿈에서 벗어나야 할 필요가 없습니다. 첫 번째로 대답한 제자는 자신이 이미 삶의 고통에서 벗어난 경지임을 넌지시

알린 것입니다.

　두 번째 제자는 '부처가 다시 부처가 될 수 없다'고 말합니다. 역시 첫 번째 제자와 같은 취지의 말입니다. 여기서 살펴볼 것은, 한국의 불교도들이 서로 축원의 의미로 자주 사용하는 '성불하십시오'라는 말은 대승불교의 정신과 그다지 어울리지 않는 말이라는 것입니다. 이미 부처인데 다시 부처를 이룬다는 것은 어색하기 때문입니다. 그래서 선종에서는 불성을 지니고 있는 우리가 깨닫는 것을 즉심성불(卽心成佛: 마음으로 부처를 이룬다)이라고 말하지 않고, 즉심시불(卽心是佛: 마음이 곧 부처다)이라고 표현합니다. 해동화엄의 초조(初祖) 의상이 『화엄일승법계도』에서 이를 '구래불(舊來佛)'이라 칭한 것도 같은 맥락입니다. 구래불이란 '우리는 이미 오래전부터 부처였다'라는 뜻입니다. 의상은 구래불 외에도 '오척법성'이라는 말을 쓰기도 했는데, 5척[33]의 키를 가진 우리 자신이 바로 부처라는 뜻입니다.

　이제 마지막 제자가 나서서 대답합니다.

　"아, 달다!"

　아마 초기 불교에서 이런 식으로 대답을 했다면 불타는 집과 같은 현실의 급박한 상황을 모르고 단지 순간적인 꿀맛에 취해 있는 미련한 중생으로 취급받아 꿀밤이나 얻어맞기 십상이었을 것입니

---

33 조선 세종 때의 도량형으로 환산하면 '5척(尺)'은 대략 156센티미터인데, 조선시대 남성들의 키가 평균적으로 160센티미터를 넘지 않았다고 합니다. 신라 때도 비슷했을 것이라고 가정할 때, 오척법성이란 '평범한 사람들이 부처'라는 뜻입니다.

다. 그런데 스승은 마지막 제자의 대답을 듣고 가장 기뻐했습니다. 왜 그럴까요?

초기 불교가 모든 것을 고통으로 인식해서 여기서 벗어나는 것에 초점을 맞추고 있다면 대승불교, 특히 화엄종이나 선종은 현존하는 모든 것을 완벽함으로 전환시키는 마음가짐에 중점을 둔다고 말할 수 있습니다. 우리가 발 딛고 있는 이 땅을 벗어난 피안이나 극락은 없다는 뜻입니다. 마지막 제자는 깨달음과 해탈의 단맛(오욕으로 생긴 단맛이 아니라)을 머리로 설명하거나 이론으로 파악하지 않고 지금 바로 이 자리에서 몸과 마음으로 누리고 있었던 것입니다. '달다'라는 말에 담긴 '바로 여기'와 '지금 이 순간'은 일상에서 매 순간 일어나고 있는 진리를 드러냅니다. 선사들이 '평상심이 도'라고 말하는 것이나 '밥 먹고 똥 누는 것이 도'라고 말하는 것도 바로 이런 경지를 이야기하는 것이라 할 수 있습니다. 불교는 결코 일상을 떠난 초월적이고 신비로운 이야기나 종교가 아니기 때문입니다.

한 티끌 속에 온 우주 법계가 들어있고
모든 티끌들 각각이 이처럼 우주 법계를 다 품고 있다.

_ 의상, 「법성계」

09
출가

어머니의 이름으로

중국 당나라 때의 어떤 어머니가 아들 셋을 두었는데, 항시 지극한 효성으로 어머니를 모시던 둘째 아들(양개 화상)이 출가를 하자 날마다 눈물을 흘리다 눈이 짓물러 양쪽 시력을 모두 잃게 되었다. 그러나 아들을 보고 싶어 하는 어미의 마음이 어디 눈이 보이지 않는다고 그쳐질까. 양개 화상의 어머니는 사람들이 많이 드나드는 강가에 나가 지나가는 스님들을 붙잡고 발을 씻어주기 시작했다. 양개 화상의 한쪽 발목에 큰 사마귀가 있었는데(일설에는 한쪽 발의 발가락이 여섯 개였다고 한다) 이렇게 스님들의 발을 씻어주며 만지다 보면 언젠가는 아들을 만날 수 있으리라는 기대감 때문이었

백발의 노모와 승려가 된 아들의 스치는 듯한 만남은 우리의 감성을 자극합니다. 그러나 출가를 한다고 집안 식구들과 인연을 모두 끊는다는 것은 옛이야기가 되었습니다. 승려로서 어느 정도 자리를 잡고 나면 다시 식구들과 연락하고 왕래하면서 지내는 것이 다반사입니다. 승려의 입장에서는 가족 또한 중생이니 제도할 대상에서 제외될 수 없는 것이겠죠. 특히 우리나라의 승려들은 승려로서의 계와 보살로서의 계를 동시에 지니는 특수한 전통을 가지고 있습니다. 〈벽화를 대체한 그림〉

다. 지성이면 감천이라, 세월이 꽤 흐른 어느 날 드디어 아들을 만나게 되지만 눈이 먼 어미는 알아차리지 못하고 여느 때와 다름없이 양개 화상에게 다가가 말을 건넸다.

"스님, 제가 발을 씻어드리겠습니다. 부디 부처님 제자들의 발을 씻어주는 공덕을 쌓을 수 있도록 해주십시오."

양개 화상은 어머니를 단박에 알아보았지만 그저 태연하게 "그러시오" 하고는 한쪽 발을 내밀었다. 발을 정성스럽게 씻던 어미는 아들에게 다른 발을 내밀라고 말했다.

사마귀 난 발을 내밀면 자신의 정체가 드러나는 상황에서 양개 화상은 이렇게 말했다.

"이보시오, 노파. 이쪽 발은 상처를 입어 물에 담그면 덧나기 십상이오. 하여간 고맙소. 그럼 나는 가던 길을 가리다."

양개 화상은 스스럼없이 자리에서 일어나 강가에 대어진 배에 올랐다. 이 광경을 쭉 지켜보던 주변 사람 중에서 사정을 아는 사람이 어미에게 다가가 말했다.

"할멈, 그 스님이 아무래도 할멈 아들 같으오. 그 스님 반대쪽 발은 상처는커녕 말짱하기만 하더구먼. 어서 따라가서 아들인지 확인해보시우."

이 소리에 어미는 미친 듯 소리치며 나루터로 달려갔다. 그러나 아들을 태운 배는 이미 강을 반쯤 건너고 있었다. 어미는 목 놓아 아들의 이름을 부르며 강물 속으로 한발 한발 걸어 들어갔다. 그러다 기력이 쇠하고 눈마저 먼 어미는 그만 깊은 수심과 물살을 이기지 못하고 강 중간쯤에서 익사하고 말았다. 이 광경을 묵묵히 지켜보던 양개 화상은 먼 산을 바라보다 배가 반대편 강기슭에 닿자 뒤도 돌아보지 않고 자신의 갈 길로 걸음을 재촉했다.

무엇을 위한 선함인가

무릇 부모와 자식의 인연은 천륜이라 불리듯 깊고 질긴 것이어서 아무리 사이가 좋지 않더라도 종국엔 서로를 애틋하게 여기며 그리워하는 숙명이 있습니다. 그래서 세상 사람들의 사람들 눈으로 볼 때 부모 자식 간의 정을 끊고 사문의 길을 선택한 승려들이 참으로 독한 사람처럼 느껴지는 것도 무리는 아닙니다. 하지만 지금 우리나라에서는 출가를 하더라도 혈연의 끈을 완전히 끊어버리는 경우는 드뭅니다. 특별한 경우가 아니고서는 속가의 집과 왕래하면서 지내는 것이 일반적인 관례입니다. 그러나 불가에는 "인정에 기울수록 도에선 멀어진다"라는 말이 있습니다. 생전에 생불로 추앙받던 성철 스님이 자신을 만나러 절로 올라오던 어머니를 향해 돌아가라고 돌멩이를 툭툭 던졌다는 일화가 있듯 공부의 길에 나선 사람은 속세의 인정을 초월하는 단호함이 필요한 것도 사실입니다. 그렇지 않고서야 구태여 머리 깎고 출가하는 의미가 없어질 테니까요. 이렇듯 비정하다 불러도 좋을 수행자의 단호함은 중국 조동종의 창시자인 양개 화상과 그의 어머니 간의 일화에 극명하게 드러납니다.

앞에서 소개한 이야기는 양개 화상과 그 어머니에 관련한 여러 이야기 중에서 가장 비정한 내용입니다. 이와는 다르게 어머니가 아들임을 알고서도 그냥 발 한번 쓰다듬어 준 것으로 만족하고 자발적으로 떠나보냈다는 것으로 마무리한 이야기도 있습니다. 아무리 수행자로서의 결기를 높이 산다 하더라도 어머니가 물속에 빠져 죽는데 눈길 한번 주지 않는 것은 차마 용납이 안 되었던 모양입니다. 또 다른 내용으로는, 어머니가 아들을 찾아 전국을 헤매다 양개 화상이 머물던 절 문 앞에 쓰러져 죽자 양개 화상이 재를 올려 정성껏 천도했다는 것으로 끝나는 이야기도 있습니다. 그때 남루한 어머니의 품속에서 나온 것이 좁쌀 몇 홉과 동전 몇 닢이었습니다. 세속의 눈으로 보면 참으로 애달프고 슬픈 이야기가 아닐 수 없습니다. 그런데 이러한 다양한 결말들을 평가하기 이전에 양개 화상이 출가할 때 어머니와 주고받은 서신을 살펴보아야 합니다.

〈양개 화상의 편지〉

삶과 죽음으로 반복되어 이어지는 애증의 물줄기를 끊어버리고 번뇌로 가득 찬 고통의 바다를 뛰어넘음으로써 어머니가 저를 낳아주신 은혜에 보답코자 합니다. 다른 날 다른 때에 부처님의 회상에서 서로 만날 것이오니, 지금은 잠시 이별하는 것입니다. 부모 공양을 거절하는 것이 아니라 세월이 사람을 기다려 주지 않기 때문에 출가하는 것이니, 엎드려 바라옵건대 어머니는 이 자식을 다시는 기억하지 마십시오.

〈어머니의 편지〉

아들은 어미를 버릴 수 있다고 했지만 어미는 아들을 결코 버릴 수 없다. 그러나 네가 이미 출가의 뜻을 굳혔으니 목련존자[34] 같이 나를 제도하여 고해의 바다에서 벗어나게 해주고 종국엔 부처가 되길 바랄 뿐이다. 만일 그렇지 못할 것 같으면 깊이 허물이 있을 것인즉, 어미는 네가 열심히 수행하길 바랄 뿐이다.

이처럼 승려들이 인정에 좌우되지 말아야 하는 이유는 바로 생(生)과 사(死)의 윤회의 고리를 끊고 대중들을 제도하기 위해서입니다. 그것은 석가모니가 부모와 처자식을 버렸지만 결국은 그들을 포함해서 많은 이들에게 번뇌와 생사를 벗어나는 길을 제시했던 것과 다르지 않습니다. 보살의 수행 단계를 다룬 『십지경』에 따르면, 보살은 십지(十地)[35]의 여섯 번째 단계인 현전지(現前地)에 이르면 자비로써 지혜를 닦아나갑니다. 이는 상대의 아픔을 느끼고 공감하는 것으로만 끝나서는 안 되고 지혜까지 구비되어야 함을 의미합니다. 지혜가 없는 맹목적인 인정과 선함은 상대와 자신에게 더 큰 고통을 가져다줄 수도 있기 때문입니다.

헨리 제임스의 소설 『워싱턴 스퀘어』에는 페니먼 부인이 냉철하

---

34 석가모니 10대 제자 가운데 한 사람으로, 신통력이 매우 뛰어난 제자였으나 석가모니보다 일찍 죽었습니다. 목련존자가 악행으로 지옥에 떨어진 자신의 어머니를 구하기 위해 활약하는 목련 구모 설화는 중국을 거쳐 한국에도 널리 퍼져 있습니다.

35 보살이 부처가 되기 위한 마지막 열 단계의 수행으로, 지(地)란 보살의 정신적 단계를 의미합니다.

고 지적인 의사 오스틴 슬로퍼에게 다음과 같이 질문하는 부분이 나옵니다.

"사람이 선한 것보다 지혜로운 게 낫다고 생각하세요?"
"대체 뭘 위한 선함이오? 지혜가 없다면 선함은 아무 소용이 없소."

그러니 출가는 한없는 자비의 마음을 가지면서도 중생을 올바르게 이끈다는 큰 목적을 위해 세속의 사사로운 애정과 인정을 잠시 끊어내는 행위라고 읽어야 할 것입니다. 사랑하는 친구에게나 연인에게나 자식에게 그들이 원하는 것은 무엇이든 해주고, 무작정 헌신과 애정을 쏟는다고 모든 일이 올바르게 진행되는 것은 아닙니다.

주변을 살펴보면 그러한 맹목적 애정과 헌신 때문에 결과적으로 모두 낭떠러지로 내몰게 되는 일도 다반사입니다. 지혜가 없는 애정과 인정은 맹인이 맹인을 이끌고 목적지로 향하는 것과 다를 바 없는 일이고, 아이가 울면서 떼를 쓴다고 칼을 아이 손에 쥐여주는 일에 비견될 것입니다. 우리가 그들을 진정으로 사랑하기 위해 먼저 갖추어야 할 것은 집착과 애착만으로 무작정 그들이 원하는 것을 주었다고 만족해하거나 원하는 것을 줄 수 없음을 한탄하는 것이 아니라, 자신에게 그들을 제대로 사랑하고 이끌어줄 수 있는 분별과 지혜가 있는지에 대한 질문과 고민이어야 하지 않을까요?

마음 가운데 애욕을 떠남을 사문이라 하고
세속을 그리워하지 않음을 출가라고 한다.
수행자가 좋은 옷을 입는 것은 개가 코끼리 가죽을 입는 격이고
도의 길을 가는 자가 연모의 감정을 품는 것은
고슴도치가 쥐구멍에 들어가는 격이다.

_ 원효, 「발심수행장」

바다를 건너기 위한
필수품

바다를 건너 광활한 육지에 닿으려 하는 사람이 있었다. 그는 바다를 건너는 것이 혼자 힘이나 의욕만으로 되지 않는다는 것을 알고 있었다. 그는 수많은 풍파와 어려움에 대비해 구명부대에 몸을 단단히 묶고 바다로 나갔다. 그가 바다를 한참 건너고 있는데 이를 못마땅하게 지켜보던 나찰[36]이 불쑥 나타나 물었다.

"이봐, 대체 거기서 뭐 하는 거야?"

---

36 고대 인도의 신 '락샤사'를 비슷한 음의 한자로 표기한 것으로, 불교에서는 식인 행위를 하는 악한 신의 총칭으로 쓰이는데, 불법을 받들어 마음을 고쳐 먹은 나찰은 수호신으로 여기기도 합니다.

계는 모든 수행의 바탕이자 버팀목입니다. 이 벽화는 경전에서 나찰과 바다를 건너는 이 사이에 벌어진 단조로운 이야기를 있는 그대로 옮기지 않고 나찰과 다섯 비구의 관계로 형상화해서 풀어내고 있습니다. 이러한 변용은 경전에서 말하고자 하는 핵심을 더 잘 전달해줍니다. 또 통도사 용화전 내부에 그려진 벽화는 오랫동안 비밀에 싸여 있다가 최근 들어서야 연구를 통해 중국 소설 『서유기』의 장면들임이 밝혀졌습니다. 『서유기』가 지닌 불교적 요소를 화사가 사찰벽화로 표현했던 것입니다. 이처럼 불교의 화사는 경전의 글자를 그림으로 단순히 옮기는 이가 아니라 창의적 예술가여야 함을 알 수 있습니다.

〈순천 송광사, 사진 제공 김은영〉

"저 너머 육지에 가려고 바다를 건너고 있지."

"그래? 대단하군. 그런데 너 헤엄을 잘 치잖아. 귀찮게 몸에 왜 그런 걸 달고 있어? 그거 때문에 속도가 안 나잖아. 그거 나한테 줘라."

"무슨 소리야? 이건 내 생명줄이야."

"그래? 그럼 반만 떼어서 주면 어때? 그럼 헤엄치기가 훨씬 수월할 텐데."

"안 된다니까. 바닷길이 얼마나 멀고 험한지 몰라서 하는 말이군."

"반이 안 되면 3분의 1만 떼어서 줘라."

"차라리 나더러 죽으라고 하지그래. 이건 줄 수 없어."

"이봐, 그렇게 좁쌀영감처럼 굴지 말고 손바닥만큼만이라도 떼어서 줘라. 넌 불교의 자비도 모르냐? 내가 이렇게 원하고 있잖아."

"쓸데없는 소리 그만하고, 네 갈 길이나 가."

"햐, 이 친구 고집이 대단한데. 그럼 좋아. 내가 그걸 너무 가지고 싶으니까 티끌만큼만이라도 떼어서 내게 보시하는 게 어때?"

"지금 네가 달라는 것은 비록 얼마 되지는 않지만, 내가 지금 바다를 건너가려 하는데 앞길이 얼마나 먼지 모르는 터에 조금이라도 네게 떼어준다면 거기에서 바람이 점점 빠져나갈 거야. 그러면 이 드넓은 바다에 빠져 죽는 일을 어떻게 면할 수 있겠어?"

아름다운 구속

불교에서 깨달음의 저 언덕에 닿기 위한 세 가지 필수품으로 무엇을 꼽느냐고 묻는다면 어떻게 답하시겠습니까? 또 여섯 가지의 필수품이 무엇이냐고 묻는다면 무어라 대답하면 좋을까요? 보통 세가지 필수품이 무엇이냐는 질문에는 삼학(三學: 세 가지 공부)이라 대답해야 하고, 여섯 가지 필수품을 대라고 하면 육바라밀(六波羅蜜: 여섯 가지 바라밀)이라 답하면 됩니다. 삼학과 육바라밀은 불교의 수행에 반드시 갖추어야 할 필수 아이템 같은 것입니다. 어떤 때는 세 가지만 있으면 된다고 하고, 어떤 때는 여섯 가지가 있어야 한다니 헷갈릴 겁니다. 삼학과 육바라밀의 내용은 실은 다르지 않습니다. 육바라밀은 삼학을 보다 자세하게 푼 것에 지나지 않으니까요.

　앞의 벽화는 육바라밀 가운데 지계(持戒: 계율을 잘 지키는 것)를 형상화한 것으로, 『대반열반경』에서 지계바라밀을 설명하는 부분에서 옮겨온 것입니다. 경전에서는 이와 같은 비유를 통해 보살이 계율을 지니고 지키는 것을 바로 바다를 건너는 사람이 구명부대를 아끼고 사랑하듯 해야 비로소 생사의 바다를 건너 피안에 도달할 수 있다고 설명하고 있습니다. 이러한 경전의 비유를 구명부대 위에 앉은 다섯 명의 비구와 그 앞을 막아서는 나찰을 그린 벽화로 형상화했는데, 생각해봐야 할 점은 왜 구명부대 위의 승려가 다섯일까 하는 것입니다.

지계 위에 탄 다섯 승려는 육바라밀 중 나머지 다섯인 보시(타인에게 재물이나 법을 베푸는 것), 인욕(경멸이나 욕됨을 참아내는 것), 정진(열심히 수행하는 것), **선정**(산란한 마음을 하나로 모아 지니는 것), **지혜**(연기법에 대한 지혜)를 상징하며, 곧 계를 지키는 것이 나머지 다섯 바라밀을 떠받치는 가장 중요한 바탕이자 버팀목임을 보여주고 있는 것입니다.

이번에는 육바라밀과 같이 깨달음에 이르기 위한 세 가지 필수품인 삼학을 살펴보겠습니다. 삼학은 계(戒), 정(定), 혜(慧) 세 가지를 말합니다.[37] 계는 계율을 지키는 것이고, 정은 선정에 들어 마음을 집중하는 것이고, 혜는 일체가 상호의존으로 일어나 이루어졌고 항구불변의 실체라는 것은 없다는 지혜를 닦아나가는 것입니다. 육바라밀과 마찬가지로 삼학 가운데 계를 지키지 않고서는 정과 혜를 잘 닦아나갈 수 없습니다. 매번 지각을 일삼는 사람이나 중간에 몰래 도망가는 사람이 공부나 업무를 충실히 해내리라 기대할 수 없듯 불교에서도 계가 수행을 발전시키기 위한 가장 기본적인 토대가 됩니다. 그래서 계를 두고 '아름다운 구속'이라 부르기도 합니다. 약간 불편하긴 하지만 이를 잘 지키는 것만으로도 다른 수행에 큰 도

---

37 육바라밀 가운데 진하게 표시된 부분과 삼학이 다르지 않음을 확인해보세요.

움을 주기 때문입니다.

삼학을 더 깊이 이해하기 위해서는 중국 고전 소설 『서유기』이 야기를 해야 할 듯합니다. 『서유기』가 손오공과 저팔계, 사오정이 삼장법사를 호위하며 머나먼 천축으로 불경(진리)을 구하러 가는 이 야기라는 것은 잘 아실 겁니다. 『서유기』의 등장인물들에게는 삼학 의 상징적인 의미가 내포되어 있습니다.

먼저 불경을 구하러 가는 삼장법사는 바로 당나라 시절 서역에 서 불경을 가져와 번역했던 현장 법사를 모델로 삼고 있습니다. 또 삼장(三藏)이란 경장(經藏), 율장(律藏), 논장(論藏)[38] 세 가지로 구성된 불전과 진리를 지칭하는 말입니다.

첫 번째 제자인 손오공(孫悟空)은 교만과 자만심에 가득 차 있는 캐릭터로, 이 이름 속에는 '나라고 하는 실체가 없다는 공(空)을 깨달 아야 한다(悟)'는 가르침이 녹아 있습니다. 공을 깨닫는 것은 결국 반 야(般若)의 지혜를 의미하는데, 이런 이름을 지닌 손오공이 첫 번째 제자가 된 것은 불교가 지혜를 첫 번째 목표로 삼고 있음을 잘 드러 냅니다.

두 번째 제자인 저팔계(豬八戒)는 '여덟 가지의 계(戒)를 지녀야 한 다'는 뜻입니다. 저팔계가 본디 여자를 무척 좋아해서 문제를 일으 키는 존재이므로 항상 계율을 지키라는 의미에서 이런 이름이 붙은 것입니다.

---

38 경장은 불경을 의미하고, 율장은 계율을 명시한 책들을 말하며, 논장은 이 둘을 부연 설명하거 나 정리하거나 체계화한 논서를 의미합니다.

　세 번째 제자인 사오정(沙悟淨)은 삼학 가운데 선정을 의미합니다. 물가에 살면서 늘 파란을 일으켰던 물귀신인 사오정의 정(淨)이 삼학의 정(定)이 아니라서 서로 다른 의미가 아닌가 의심할 필요는 없습니다. 선정이란 결국 일렁이는 물결과 같은 마음의 동요를 멈추고 고요하고 맑은 마음으로 되돌려 자신을 잔잔한 수면 위에 비춰보는 것과 같기 때문입니다.

　이처럼 계(저팔계), 정(사오정), 혜(손오공)의 도움으로 삼장법사는 불경(진리)를 구하러 가는 여행을 온전하게 마칠 수 있었습니다. 세 명의 제자가 저지르는 어설픈 행동들은 아직 삼학이 완전하지 않은 삼장법사(수행자)의 면모를 상징적으로 드러내기도 하고, 세 명의 제자가 힘을 모아 삼장법사를 요괴들에게서 구출하는 모습에서는 삼학이 수행자에게 반드시 필요한 요소임이 부각되기도 합니다. 삼보사찰 가운데 하나인 양산 통도사의 용화전 내부에는 불교와는 어울릴 것 같지 않은 『서유기』의 장면을 그린 오래된 벽화가 남아 있는데, 바로 삼학의 중요성을 부각시키는 것이라 볼 수 있습니다.

이 삼학은 불교에서는 매우 중요한 개념이라 교과서에서 배우는 불교의 대표적인 교리인 팔정도(八正道)에도 그대로 반복됩니다. 팔정도는 생사윤회의 지멸(止滅: 중단과 소멸)에 이르기 위한 여덟 가지 방도인데, 삼학이 팔정도를 모두 포섭합니다. 이를 분류하면 다음과 같습니다.

혜(지혜)
①정견(바른 견해)
②정사유(바른 의도)

계(행동)
③정어(바른 말)
④정업(바른 행위)
⑤정명(바른 삶)

정(명상)
⑥정정진(바른 노력)
⑦정념(바른 유념)
⑧정정(바른 집중)

팔정도 가운데 '계'에 속하는 정어와 정업, 정명을 조금 더 살펴보겠습니다. 먼저 정어는 망언(거짓말), 양설(여기선 이 말, 저기선 저 말을 해서 사람들을 이간질하는 것), 악구(다른 사람에게 상처를 입히는 말), 기어(쓸데없는 수다)를 하지 않는 것입니다. 정업은 살생과 도둑질, 음행을 하지 않는 것입니다. 정명은 바른 말과 바른 행위로 일상을 살아가는 것을 의미합니다. 정어, 정업, 정명에 불교의 대표적인 계율인 오계(五戒)[39] 가운데 살생하지 않기, 도둑질하지 않기, 음행하지 않기, 거짓말하지 않기의 네 가지가 포함되어 있습니다. 오계에 술 마시지 않기가 첨가된 것은 술이 인간의 잘못된 행동을 이끌어내기 때문입니다. 술을 마시면 평소 조심스러웠던 마음이 느슨해지고 말과 행동이 거칠어지면서 허풍이나 거짓말, 더 나아가 부적절한 대상과의 음행이나 폭행, 살인까지 저지르는 일이 빈번합니다. 술은 이처럼 지혜의 씨를 말려버리는 것이라 하여 불가에서는 되도록 멀리하는 것입니다.

앞서 살핀 바와 같이 계율을 지키지 않고서는 바른 견해를 가질 수도 없고 바른 명상에 잠길 수도 없습니다. 모든 지혜와 선정의 바탕이 되는 계(행위)의 중요성을 안다면 계율을 우습게 알고 막행막식[40]을 일삼는 승려가 지혜와 선정을 얻고자 하는 것은 기둥을 세우지 않고 지붕을 올리려는 격이고, 평소에 음행과 거짓말, 술 마시기를 밥

---

39 불자들이 지켜야 할 다섯 가지 계율로, 살생하지 말고, 도둑질하지 말고, 배우자 이외에 음행하지 말고, 거짓말하지 말고, 정신을 차리지 못할 정도로 술 마시지 말라는 것입니다.
40 계율을 벗어나 도박을 하거나 술을 마시거나 음행을 마음대로 저지르는 것을 말합니다.

먹듯 일삼는 불자가 절에 와서 두툼한 지폐를 불전함에 넣고 자신의 소원을 빌어본들 그가 얻어가는 것은 맑은 복덕의 지혜가 아닌 또 다른 집착과 고뇌를 낳는 탐욕이라는 것은 자명해집니다. 통도사의 창건자인 신라의 자장 율사가 남긴 "계를 지키고 단 하루를 살지언정, 계를 어기고 백 년을 살기를 원치 않는다"라는 말은 지혜를 구하는 이라면 흘려들어선 안 될 경구입니다.

불교 설화 독해법

목마와 동자

조선 중기에 새로이 하동 현감으로 부임한 한 관리가 쌍계사에 들러 주지와 이런저런 이야기를 나누던 중 칠불암 아자방(亞字房)에 관한 이야기를 물었다.

"여기서 멀지 않은 곳에 있는 칠불암 아자방은 한번 불을 때면 겨울에도 그 온기가 49일을 간다고 들었네. 사실인가?"

아자방의 기이함을 못미더워하는 현감의 물음에 쌍계사 주지는 빙긋 웃으며 답했다.

"사또, 칠불암은 가야국의 시조인 김수로왕이 출가하여 성불한 자신의 일곱 아들을 위해 지은 곳으로 터 자체가 영험한 곳인데, 그

아자방은 경남 하동 쌍계사의 칠불암에 아(亞) 자 형태로 지어진 온돌방으로, 본래 이름은 벽
안당이지만 아자방으로 세상에 널리 알려져 있습니다. 아쉽게도 벽화에서는 아자방의 독특
한 구조가 제대로 드러나 있지 않습니다. 화공이 설화의 정확한 내력을 모르고 그렸을까요,
아니면 알고도 간결한 표현을 위해 생략했을까요? 〈서울 영화사〉

곳에 신라 효공왕 때 구들도사로 유명한 담공 대사가 직접 설계한 방이 아자방입니다. 부처님의 가피와 담공 대사의 지혜가 합쳐져 있는 곳이라 아마 세간의 상식만으로는 이해하기 어려울 것입니다."

현감은 주지의 대답에 만족하지 못하고 자신의 눈으로 직접 아자방을 확인하려고 쌍계사를 서둘러 나와 칠불암으로 향했다. 현감 일행이 칠불암에 도착했을 때는 승려들이 모두 오후 입선(入禪)에 든 뒤였다. 적막한 오후의 산사는 바람 따라 뒹구는 낙엽 소리만 간간이 들릴 뿐 사람이라곤 눈에 보이지 않았다. 그때 후원에서 나이 든 승려 한 명이 걸어 나오더니 현감 일행을 맞았다.

"내 이번에 새로 부임한 현감으로 고을 곳곳을 살펴보자는 뜻에서 칠불암을 찾았네. 여기 아자방이 유명하다고 하는데 한번 보고 가려고 하네."

노승은 난처하다는 듯 말했다.

"시각을 잘못 맞춰 오셨습니다. 지금은 승려들이 점심 공양을 끝내고 그 방에서 참선을 하는 중이라 방해하기 어렵습니다."

"고을의 관리가 민생을 관리하고자 먼 곳을 와서 잠시만 보고 가자고 하는데 그게 뭐가 어렵단 말인가? 아니, 대체 무슨 공부들을 하기에 이러는가?"

몇 차례의 실랑이 끝에 궁금함을 견디지 못한 현감은 만류하는 노승을 밀치고 아자방의 문을 활짝 열어젖혔다. 아자방의 풍경은 가관이었다. 참선에 정진하는 승려는 보이지 않고 식곤증으로 고개를 하늘로 젖히거나 땅으로 숙인 채 방귀를 풍풍 뀌면서 좌우로 흔들흔들 졸고 있는 승려들만 그득했다. 현감은 얼굴이 시뻘게져서 그길로 절을 떠났고, 며칠 뒤 칠불암에 한 장의 공문서가 도착했다. 대중들이 모여 문서를 펼쳐보니 다음과 같은 현감의 글이 있었다.

'고승대덕들만 수도한다는 칠불암의 선방은 필시 도력이 높은 승려들이 있을 터, 내일 오전까지 승려들은 동헌 마당으로 내려와 여기서 준비한 목마를 타고 달려보아야 할 것이다. 만약 목마를 달리게 하지 못할 시엔 아자방을 철폐함은 물론이고 그곳의 모든 승려는 큰 경을 치를 것이다.'

대중들은 모두 경악했지만 마땅한 대책이 없는지라 다음 날 자포자기의 심정으로 고을로 내려와 동헌 앞마당에 줄지어 서 있었다. 현감은 마당에 놓인 목마를 가리키면서 말했다.

"자, 어떤가? 그대들이 편히 탈 수 있게 잘 만들어놓았네. 이제 그간의 공부를 한번 내놓아보게."

대중들이 침묵을 지키자 현감이 맨 앞에 서 있는 노승을 향해 비꼬아 말했다.

"왜, 모두 신통을 겸비한 대덕들이라 누가 먼저 나서야 할지 고민인 모양이군. 그 전에 내가 그대에게 묻겠네. 그대는 승려들이 아자방에서 공부를 한다고 출입을 못하게 했는데, 승려들이 고개를 뒤로 젖히고 조는 것은 대체 무슨 공부인고?"

노승과 대중이 아무런 말도 못하고 있는데 갑자기 뒤에 있던 동자가 나서더니 말을 받았다.

"제가 대답하지요. 그것은 바로 앙천성수관(仰天星宿觀)으로, 하늘의 별을 헤아려 만물의 이치를 체득하고 중생을 제도하려고 함이지요."

현감은 기가 차서 다시 물었다.

"그래? 그럼 고개를 숙이고 꾸벅꾸벅 조는 것은 무슨 공부인고?"

"그것은 지하망령관(地下亡靈觀)으로, 생전에 무수한 업을 짓고 땅속에 묻힌 망자들을 어떻게 제도할까 고민하는 공부입니다."

"어허, 이놈 보게. 그러면 좋다. 제 몸 하나 가누지 못해 몸을 좌우로 흔들면서 꾸벅꾸벅 조는 것은 무슨 공부더냐?"

"그것은 춘풍양류관(春風楊柳觀)으로, 유(有)와 무(無), 고(苦)와 낙(樂), 선(善)과 악(惡) 등에 머무름이 없이 중도를 지키려는 공부입니다."

막힘없이 대답하는 동자의 당돌함에 현감의 목소리는 더욱 격앙되었다.

"그렇다면 앉아서 방귀나 풍풍 뀌고 있는 것은 대체 무슨 공부인고?"

"그것은 타파칠통관(打破漆桶觀)으로, 사또처럼 꽉 막힌 중생들의 컴컴한 칠통을 깨부수는 공부입지요."

현감은 화가 머리끝까지 치밀어올라 아전들에게 동자를 잡을 것을 명했다. 동자는 재빨리 목마에 올라타 말의 엉덩이를 딱 때렸다. 순간 목마가 히힝 소리를 내면서 마당을 세 바퀴 돈 다음 방울 소리와 함께 하늘로 치솟았다. 현감과 대중들이 놀라 하늘을 보니 목마는 푸른 사자로, 동자는 문수보살의 모습으로 화하여 유유히 멀어지고 있었다.

세 번의 깨우침

이 벽화의 이야기는 얼핏 보면 너무 명백해 보입니다. 승려들을 박해하려던 고을 현감이 문수보살을 만나 놀림과 망신을 당하는 구조로 되어 있기 때문입니다. 하지만 이야기를 자세히 뜯어보면 꽤 다층적인 구조를 지니고 있습니다. 단편적으로 무엇인가를 전달하거나 계몽하고자 하는 이야기가 아니라 여러 층위에서 각각 다양한 해석을 품게 만드는 이야기라는 뜻입니다. 그 이유는 문수보살의 행동이 고을 현감에게만 한정되어 있지 않다는 데 있습니다.

먼저 확연히 드러나듯 문수보살의 깨우침의 방편은 고을 현감을 향하고 있습니다. 현감은 승려들이 열심히 공부하지 않는 모습을 보고 따끔하게 혼을 내주어야겠다고 생각해서 승려들을 관아에 불러 모았습니다. 아마 열심히 공부하지 않고 졸기나 하는 승려들은 벌을 받아도 마땅하다고 생각하는 분도 있을 겁니다. 분명 뜨끈한 아자방이 승려들을 졸게 하려고 만든 것이 아니라 추위 속에서도 열심히 정진하는 것을 돕기 위해서 만든 것임을 생각할 때 그런 생각도 그리 틀리지 않습니다. 하지만 현감이 승려들의 나태한 모습을 보게 된 연유를 생각해보면 현감도 그리 칭찬받을 것이 없습니다. 현감이 보고 충격을 받은 승려들의 수행 모습은 그가 개인적 호기심을 채우기 위해서 수행 시간이라는 제지도 무시하고 방문을 벌컥 열어젖혔다가 보게 된 광경입니다. 현감이 승려들이나 불교의 수행을 존중하지 않는 태도가 은연중에 감지됩니다. 그리고 설령 승려들이 조는 모습을 보았다고 할지라도 이것을 개인적인 감정에 치우쳐서 관아로 불러들여 처벌할 일은 아닙니다. 세속의 규율과 승가의 규율은 다르기 때문입니다. 문제가 있다면 승가 내부에서 해결하면 될 일입니다. 물론 승려들의 나태한 수행 태도가 자랑거리는 아니지만 그렇다고 참선을 하면서 조는 일이 민생을 도탄에 빠지게 만드는 큰일도 아니기 때문입니다. 이런 측면에서 권력을 등에 업고 독선적 판단에 의거해서 마치 정의를 실현하는 듯 승려들을 처벌하려 했던 현감을 문수보살이 나타나 깨우쳐주는 것은 분명 사리에 맞는 일입니다.

　두 번째 깨우침은 칠불암에서 수행하는 승려들에게 날아가 꽂힙니다. 내로라하는 승려들이 참선 수행을 하기 위해 모였다는 칠불암 선방의 풍경을 현감의 눈을 통해 적나라하게 비춤으로써 당시 수행자들의 실태를 고발하고 있습니다. 현재 한국 불교도 선방에서는 참선 수행을 하는 승려들을 매우 높게 모시는 풍토가 있습니다. 몇몇 수행자는 어느 선방에서 몇 철을 났다는 식으로 자신의 수행 이력을 은근히 자랑하기도 합니다. 그런데 이 이야기는 선방에 들어가서 공부해야만 제대로 된 구도자라는 선입견을 통렬하게 날려

버립니다. 관성과 습관에 찌든 채 책상 앞에 오래 앉아 있다고 공부를 잘하는 건 아니라는 뜻입니다.

또 절에 긴박한 일이 생겼을 때 노스님을 비롯한 수행승들은 어떤 대책도 마련하지 못하는 무능함을 보여줍니다. 지혜를 닦기 위한 참선 수행이 현실의 벽을 만나서는 아무런 힘도 쓰지 못하는 모습에서 그들의 공부가 무엇을 위한 공부였나 의심하게 되는 것도 무리는 아닙니다. 심지어 문수보살이 현감의 공격을 받아서 되치는 이야기를 들으며 부끄러움이 치솟은 사람은 현감보다는 도리어 승려들이었을 것입니다. '앙천성수관'에서 '타파칠통관'으로 이어지는 문수보살의 막힘없는 응답은 수행자들이 가야 할 길을 명확히 제시하고 있어서 그 길과 멀어져 있는 그들의 얼굴을 더욱 붉어지게 했을 것입니다. 이 이야기를 벽화로 그려놓은 이유는 사찰의 내

력을 자랑하려 함도 아니고, 문수보살의 가피가 승가에 늘 작용하니 외부인들은 함부로 건들지 말라는 엄포도 아닙니다. 수행자라면 모름지기 부지런히 정진해서 문수보살이 말한 것처럼 중생을 제도할 수 있어야 한다는 경책(警策)[41]입니다.

세 번째 깨우침은 이 이야기를 읽는 독자들에게 향합니다. 대부분이 이 이야기를 자신과 관련 없는 현감과 승려들 간의 갈등으로 호기심에 가득 차서 읽었을 것입니다. '그래, 대체 이 이야기가 어떻게 끝나나 보자'라는 방관자적 입장에서 그저 흥미로운 옛날이야기로만 치부했을지도 모릅니다. 또 과학과 합리라는 이성으로 무장한 현대인들은 이 이야기의 결론을 보면서 목마를 타고 올라간 문수보살은 있을 수 없다며 냉소를 던졌을 것입니다. 그러나 이 이야기의 핵심은 문수보살이 행한 이적이 아닙니다. 이 이야기는 항시 문수보살을 곁에 두고도 그것을 알아채지 못하는 우리들을 깨우치고 있습니다. 그렇다면 우리 곁에 늘 있지만 전혀 알아채지 못하는 문수보살이란 누구를 말하는 것일까요? 우리들 삶 속에서 하찮게 여기고 대수롭지 않게 대하는 누군가가 바로 문수보살입니다. 절간에서 허드렛일이나 하면서 무시당했던 그 동자가 가장 뛰어난 지혜를 지닌 문수보살이었듯이 말입니다. 사회적으로 보면 가정 폭력에 시달리는 여성들, 폐지를 주우며 살아가는 노인들, 어른들의 학대 속에서 떨고 있는 아이들, 잠정적 범죄자 취급을 감수해야 하는 이주노

---

41 선방에서 졸거나 집중하지 못하는 수행자의 어깨를 두드릴 때 사용하는 나무 막대기, 혹은 죽비와 같은 나무 막대기로 수행자의 어깨를 두드려 깨우는 행위.

동자들, 학교에서 따돌림받는 친구들 등등, 자본주의 사회의 발전과 경쟁 속에서 방치되고 무시당하고 있는 수많은 이들이 다름 아닌 우리의 지혜를 각성시키는 문수보살이자 선지식이라는 뜻입니다. 우리는 언제까지 이들의 비극을 인터넷 기사나 댓글로만 즐기면서 방관해야 할까요?

조계의 물 한 방울

당나라 때 문장과 학식으로 후세 사람들에게 당송팔대가(唐宋八大家) 중 한 사람으로 추앙받게 되는 한유라는 문사가 있었다. 한유는 불교가 번성하던 당시의 상황에 늘 언짢은 마음을 지니고 있었다. 그가 보기에 승려란 부모가 물려주신 머리카락을 함부로 깎고 무위도식을 일삼아 민중의 생활을 어렵게 만드는 무리였고, 불교란 중화문명의 위대함을 희석시키는 한낱 오랑캐의 사특한 술수일 따름이었다. 그는 벼슬길에 오르자마자 날마다 불교를 비방하는 글을 올리는 바람에 조정의 미움을 받아 변방의 한직(閑職)으로 쫓겨났다.

석가모니는 색욕과 같은 것이 하나만 더 있더라도 세상에 수행할 이가 한 명도 없을 것이라
고 말했습니다. 또 수행자로서 여성과 잠자리를 가지느니 독사의 아가리에 자신의 성기를
집어넣는 것이 낫다는 경구도 있습니다. 그만큼 수행자가 넘어서야 할 가장 큰 벽은 다름 아
닌 색욕입니다. 〈합천 해인사〉

좌천되어 조주 땅에 내려온 한유는 그 고을의 태전 선사가 '살아 있는 부처'로 사람들의 추앙과 흠모를 받고 있다는 사실을 알고는 몹시 화가 치밀었다. 마음 같아선 당장이라도 태전 선사를 불러들여 요절을 내고 싶었지만, 합당한 연유 없이 승려를 박해했다는 소문이 날까 두려워 조심스레 계략을 꾸미기 시작했다. 자고로 미인에게 약하지 않은 남자는 없는 법. 여인과의 교합을 금지하는 계율을 지키며 사는 승려를 파계시킨다면 승려의 위선과 불교의 쓸모없음이 만천하에 드러날 것이라 생각한 한유는 곧바로 자색이 곱기로 유명한 기생 홍련을 불렀다.

"만약 네가 석 달 열흘 안에 태전 선사를 파계시키면 후한 상을 내리겠거니와 실패하는 날에는 죽음도 각오해야 할 것이다. 자신 있느냐?"

고관대작일지라도 자신 앞에서 맥을 추지 못하는 것을 잘 알고 있던 홍련은 샐쭉한 눈을 흘기며 자신 있게 대답했다.

"호호, 영감께선 저에게 내릴 큰 상이나 미리 준비해놓으시지요."

한유와 약조한 뒤 그 어느 때보다 정성스레 몸과 머리를 치장한 홍련은 산길을 올라 해질녘에 태전 선사가 기거하는 암자에 도착했다. 홍련은 태전 선사에게 절을 한 뒤 애처롭게 말했다.

"소녀, 운명이 기구하여 남자들에게 웃음을 팔며 생계를 이은 지 여러 해가 되었습니다. 이제 지난날을 백일기도로 참회하고 새로운 삶을 살고자 덕이 높은 스님을 찾게 되었습니다. 천하다 내치지 마시고 시중이나 들게 하면서 그간의 죄업을 녹이고 복덕을 이루게 하옵소서."

태전 선사는 한동안 말없이 홍련을 바라보더니 고개를 끄덕였다. 홍련은 속으로 쾌재를 불렀다. 그날 이후 홍련은 좌정하고 있는 태전 선사 뒤로 슬며시 다가가 분 냄새를 폴폴 풍기기도 하고, 실수로 넘어진 척하면서 품에 안기기도 했다. 또 짐승의 울음소리가 무섭다며 야심한 밤에 태전 선사의 처소에 속옷 차림으로 뛰어들기도 했다. 그러나 태전 선사는 홍련의 노골적인 유혹을 뒷집 개 쳐다보듯 멀뚱하게 바라볼 뿐이었다. 홍련은 태전 선사가 어떤 유혹에도 꿈쩍하지 않자 처음에는 분심(忿心: 분한 마음)과 다급함에 애가 타다가 서서히 선사에 대한 존경과 경외심을 가지게 되었다.

마침내 약속한 백 일째 되는 날, 홍련은 태전 선사 앞에 엎드려 눈물로 참회했다.

"스님, 소녀의 죄를 용서해주옵소서. 저는 조주 자사 한유의 명으로 스님을 파계시키기 위해 여기에 왔습니다. 그런데 그것이 얼마나 가소로운 일이었는지 스님과 함께 지내면서 여실히 깨달았습니다. 하지만 소녀는 한유 대감과 약조한 바가 있어 스님을 파계시키지 못하면 죽임을 당하게 될 것입니다."

서럽게 우는 홍련을 바라보던 태전 선사는 홍련의 붉은 치맛자락을 잡아당겨 방바닥에 펼쳤다. 놀란 홍련이 눈을 똥그랗게 뜨자 태전 선사는 먹을 담뿍 먹은 붓을 들어 일필휘지로 치맛자락 위에 글을 써내려가기 시작했다.

'산에서 내려가지 않은 지 10년, 색(色)이 곧 공(空)함을 알았네. 어찌 조계(曹溪)⁴²의 한 방울 물을 홍련의 잎사귀 위에 떨구리오.'

"이 글귀를 자사에게 보여준다면 목숨은 구할 수 있을 것이다."

태전 선사의 말에 용기를 얻은 홍련은 한유에게 돌아가 그간의 내력을 모두 전했다. 홍련의 치맛자락에 적힌 글귀를 천천히 읽던 한유는 느낀 바가 있어 직접 태전 선사를 만나기 위해 암자에 올랐다. 한유를 맞은 태전 선사가 조용히 물었다.

"그대는 불교의 어느 경전이라도 읽어본 적이 있습니까?"

"아직 읽어보지 못했습니다."

"그렇다면 어찌하여 불교를 비방하고 수행자의 수행을 방해하셨습니까?"

한유가 꿀 먹은 벙어리처럼 대답을 못하자 태전 선사가 준엄하게 말했다.

"만일 그대가 누군가의 명령을 받아 불교를 비방했다면 주인의 명령에 잘 따르는 개와 다름이 없고, 그대 스스로의 의지로 비방을 하였다면 잘 알지도 못하고서 비방한 것이니 스스로를 크게 속인 것입니다. 이것이 어찌 바른 글을 읽고 맑은 마음으로 민중을 다스려야 하는 관리의 도리이겠습니까?"

---

42 '조계'라는 명칭은 중국 선불교의 6대 조사(육조 대사)인 혜능 대사가 머물렀던 조계산을 의미합니다. 한국을 대표하는 사찰과 산의 이름에 조계가 붙은 것은 모두 이러한 육조의 깨달음을 이어받고자 지어진 이름입니다. 현재 한국의 조계종도 선종 중심의 종파로 성립되어왔는데, 조계종이란 이름에는 달마로부터 이어진 육조 혜능의 정통 법맥을 따른다는 상징성이 있습니다.

이 말에 크게 뉘우친 한유는 불교에 귀의했고, 이후 뛰어난 필력으로 불교를 선양하고 삼보(三寶)[43]를 찬탄하는 명문장을 많이 남겼다.

---

43 불(佛)·법(法)·승(僧), 즉 부처와 부처의 가르침, 그리고 부처의 가르침을 따르는 교단을 세 가지 보물이라고 합니다.

잘 알지도 못하면서

이 벽화의 이야기는 불교를 잘 모르면서 비방하고 탄압한 한유라는 지식인의 이야기입니다. 현재 지구촌에서도 각자의 종교적 신념과 지식을 바탕으로 다른 종교를 비방하고 탄압하는 현상들이 빈번하게 벌어지고 있어서 그저 옛이야기로 치부하고 넘길 일은 아닙니다. 이런 현실을 바꾸기 위해선 어떤 마음가짐이 필요할까요? 이를 위해 우리는 막스 뮐러라는 작가를 알아볼 필요가 있습니다. 설령 그의 이름이 낯설다 하더라도 고전의 반열에 오른 『독일인의 사랑』이란 소설 제목은 한번쯤 들어봤을 것입니다. 사랑에 관한 아름다운 언어들로 채워진 이 소설의 작가인 막스 뮐러는 실은 소설가보다 '종교학'이란 학문의 창시자로 더 이름이 높습니다. 여러 언어에 능통했던 막스 뮐러가 종교학을 개창하며 내건 기치는 바로 "하나의 종교만을 아는 사람은 어떤 종교도 모른다"였습니다.

평생 불경만 읽기도 벅차고, 성경 구절을 제대로 이해하기도 힘든데 대체 어느 세월에 다른 종교에 대해서 알아갈 수 있느냐고 반문할 수도 있습니다. 다른 종교를 공부하는 것 자체가 시간 낭비이고 자신이 믿는 종교에 대한 배신이나 모독처럼 느끼는 분도 있을 겁니다. 일리 있는 항변입니다.

하지만 막스 뮐러의 입장에서 보면 이런 생각을 지니고 종교 생활을 하는 사람은 자신의 종교를 제대로 알고 있지 못한 사람입니다. 자신의 종교를 제대로 모르니 신앙생활이 올바를 리 없습니다. 그의 종교라는 것은 고작 경주마처럼 가려진 눈가리개 안에서 자기만족을 추구하는 도구일 뿐입니다. 왜냐하면 자신의 종교를 최고로 여기고 그 이외에는 무조건 배척하는 마음이 그 종교로 인해 가시처럼 비쭉 돋아나 있기 때문입니다. 그런 태도와 무지 속에 사로잡혀 있으니 자연스레 다른 종교를 함부로 비방하고 폄하하는 것입니다. 다른 종교를 욕하기에 앞서 먼저 인정해야 할 것은 다른 종교에 대해서는 잘 모른다는 사실입니다. 이렇게 말하고 보니 세상에서 공공연히 일어나는 타 종교에 대한 적대감과 분쟁을 개인의 지적 수준이나 성품 탓으로 떠넘기는 것 같아서 조금 불공평하다는 생각이 들기는 합니다.

종교의 선택에 있어서 강제되는 구조적인 문제도 짚고 넘어가지 않을 수 없습니다. 보통 우리는 종교를 어떤 방식으로 접하고 믿게 될까요? 아마 특정 종교가 한 사람의 인생에 노출되는 정도에 따라 그의 신앙을 결정짓는 경우가 많을 것입니다. 거기에는 사회적·문화적 영향과 요인까지도 포함됩니다. 중동 지역의 무슬림들이 거의 다 이슬람교를 신앙하는 이유는 그곳에 사는 이라면 벗어나기 힘든 문화적·사회적·종교적 환경의 영향을 지속적으로 받아왔기 때문입니다. 부모님이 특정 종교를 믿으면 아이들도 자연스레 그 종교를 가지게 되는 경우를 보면 쉽게 이해할 수 있습니다. 이러한 측면에서 종교 선택의 자유가 보장된 나라에 산다고 하더라도 우리는 종교 선택에 자유롭지 못한 상황 속에 놓여 있다는 것을 인정해야 합니다. 다만 자신의 의지로 자유롭게 종교를 선택하고 따르고 있다고 자위할 뿐입니다. 이것은 일종의 기만에 가깝습니다. 일단 내면에 종교적 신앙이 자리 잡게 되면 죽을 때까지 다른 종교는 돌아보지 않은 채 자신이 믿는 것만이 유일한 진리라고 생각하면서 살게 됩니다.

또 하나의 문제점은 종교 간의 혐오와 배타성이 발생하는 것이 종교가 지닌 자체적 문제에서 출발한다는 사실입니다. 모든 종교나 사상은 출발은 비록 순박했다 할지라도 교리 체계상 기본적으로

어느 정도의 도그마(독단)를 갖게 됩니다. 자신의 종교가 최고의 진리이고 다른 종교는 그에 미치지 못하는 교설이라고 자꾸 주장해야 그 체제와 신앙생활이 유지되지 않겠습니까? 심지어 이러한 견해는 같은 종교 안에서도 발생합니다. 그래서 자신의 신앙과 해석이 최고라고 주장하는 종파나 교파가 수없이 생기는 것이죠.

이러한 세 가지 문제점 때문에 종교를 가지는 사람들의 수는 점점 늘어가지만 종교적 내면은 점점 궁핍해지고 있습니다. 사회적으로 큰 혼란을 발생시키는 종교 집단의 파괴적이고 비극적인 행위들도 실은 이러한 자그마한 신념에서부터 출발합니다. 그렇다면 어떻게 해야 이런 문제를 해결하고 폭넓고 올바른 종교 생활로 되돌아갈 수 있을까요? 초기 불전의 『깔라마경』[44]에는 이런 문제에 대한 아주 귀중한 가르침이 담겨 있습니다. 석가모니는 무엇이 제대로 된 가르침인가를 물으러 찾아온 깔라마인들과 다음과 같은 문답을 합니다.

문: 세존이시여, 어떤 사문, 바라문들이 각자 자기 주장을 설명하면서 칭찬합니다. 다른 사람의 주장은 매도하고 욕하고 업신여기고 경멸합니다. 세존이시여, 이런 존경하는 사문들 가운데 누가 진실을 얘기하고 누가 거짓을 말하는지 저희들은 미덥지 못하고 의심스럽습니다.

---

44 팔리 경전 『앙굿따라 니까야』에 속한 경전으로, 붓다가 케샤뿟따 마을을 지날 때 거주자들인 깔라마 사람들이 나와서 붓다에게 질문하자 붓다가 답한 내용을 담고 있습니다.

답: 그대들은 의심스러울 것이다. 소문으로 들었다고 해서 대대로 전승되어 온다고 해서, '그렇다고 하더라'라고 해서, 성스러운 책에 써 있다고해서, 논리적이라고 해서, 이유가 적절하다고 해서, 사색으로 얻은 견해와 같다고 해서, 유명한 사람이 한 말이라고 해서, 혹은 '이 사문은 우리의스승이시다'라는 생각 때문에 그 가르침이 진실이라 믿으면 안 된다. 그러한 가르침들을 전적으로 받들어 행하면 손해와 괴로움이 있게 된다는것을 '알게' 되면 그때 그것들을 버리도록 하라.

석가모니는 자신의 말이 온통 진리이고 유일한 길이라고 강변하지 않습니다. 경전이나 스승의 말이라고 해서 따르라고 하지도 않습니다. 그 가르침을 따라 직접 수행하고 겪거나 느껴서 실제로 그가르침들이 자신에게 해가 되는지 이득이 되는지 '알아'보고 결정하라고 합니다. 알아보라는 것은 불교가 사변이나 도그마보다는 실제 수행이라는 것을 염두에 둔 경험적이고 실질적인 가르침임을 의미합니다. 석가모니의 말 속에는 그가 출가 초기에 여러 스승의 가르침을 받고 여러 수행 방법을 행했지만 모두 고통만을 가중시키는것임을 깨닫고 새로운 중도의 길을 발견하여 깨달음을 이룬 내력이고스란히 녹아 있습니다. 석가모니야말로 가장 크게 방황한 이이기에 이런 이야기를 할 수 있는 것일지도 모릅니다. 모든 가르침에 열려 있는 태도, 어쩌면 종교학의 창시자는 막스 뮐러가 아니라 석가모니라고 해야 하지 않을까요?

이때 여래께서 장애가 없는 청정한 지혜의 눈으로 법계의
모든 중생을 널리 관찰하시고 이렇게 말씀하셨다.
"이상하고 이상하다. 중생들이 어찌하여 여래의 지혜를 다 갖추고
있으면서도 어리석고 미혹하여 알지 못하고 보지 못하는가.
내가 마땅히 성인의 도로 가르쳐서 그들의 허망한 생각과 집착을
영원히 버리게 하고 스스로 몸에 있는 광대한 지혜가
여래의 지혜와 다름이 없음을 보게 하리라."

　_「화엄경」

13

화엄

꽃과 바꾼 혼인 서약

아주 오래전 선혜라는 청년이 생사고해에서 벗어나는 깨달음을 얻기 위해 홀로 수행하고 있었다. 그는 치열하게 수행했지만 자신이 과연 목표를 이룰 수 있을지에 대해선 자신이 없었다. 그러던 어느 날 선혜는 부처님(연등불)이 자신이 사는 고장을 방문한다는 소식을 듣고는 기뻐서 생각했다.

'드디어 깨달은 분을 뵙게 되는구나. 그분을 만나 가르침을 받고 과연 내가 깨달음을 얻을 자질이 있는지 여쭈어봐야겠다.'

며칠을 설레던 선혜는 부처님이 방문하시던 날 수행하던 숲을 떠나 마을로 들어갔다. 마을 곳곳은 부처님을 친견하고자 하는 사

불교식으로 결혼식을 치를 때 신랑은 다섯 송이의 꽃을 지니고 신부는 두 송이의 꽃을 지니게 되는데, 이는 선혜 보살의 전생담에서 기인한 것입니다. 〈합천 해인사〉

람들로 북적였다. 선혜는 부처님이 어디서 머무르시는지 묻기 위해 한 무리의 사내들에게 다가갔다. 그들은 손에 무언가를 들고서 이 야기를 나누고 있었다.

"나는 부처님께 이 고급스런 옷감을 바칠 생각이야. 그분이 남루 하고 닳은 옷을 입으신다는 소문을 들었거든. 아마 부처님께서 좋 아 하시겠지?"

곱상하게 생긴 사내가 자랑하자 옆에 있던 덥수룩한 수염의 사 내가 콧방귀를 뀌었다.

"이보게, 부처님께 고작 천 쪼가리나 바쳐서 무얼 하겠단 말인 가? 나는 그분을 위해 이 짐승들을 바치려고 하네. 내가 보름간 숲 에 덫을 놓아서 어렵게 잡은 녀석들이지. 공양물이라면 이 정도는 되어야 하지 않겠는가?"

그러자 잠자코 있던 다른 사내가 으쓱거리며 말을 받았다.

"자네들 정신이 나갔군. 그분이야말로 세상에서 가장 존귀하고 덕이 높으신 분이 아닌가? 그런 분에게 그런 하찮은 물건을 공양하 려는 자네들이 한심스럽네. 나는 아내 몰래 집에 있는 패물을 들고 왔지. 이 보석 목걸이야말로 그분의 격에 맞는 공양이 될 거라 확신 하네."

사내들의 이야기를 듣고 있던 선혜는 자신이 부처님께 바칠 어 떤 선물도 준비하지 못했다는 것을 깨닫고 생각에 빠졌다.

'나는 숲에서 홀로 수행하는 가난한 수행자다. 그렇다고 부처님 을 뵐 수 있는 일생일대의 기회가 주어졌는데 빈손으로 가는 것도

옳지 않다. 그렇다면 어떤 공양물을 바쳐야 한단 말인가?'

그때 일곱 송이의 꽃을 들고 지나가는 한 처녀가 보였다. 선혜는 눈이 번쩍 뜨여 처녀를 따라가 물었다.

"당신이 든 꽃은 매우 독특하군요. 색깔과 모양은 화려한 듯 보이나 청초해서 눈을 어지럽히지 않고, 또 그 향기는 그윽해서 사람의 마음을 순탄하게 다스립니다. 이토록 기이하고 신비한 꽃은 처음인데 대체 무슨 꽃입니까?"

처녀는 선혜의 기품 있는 용모와 맑은 눈빛을 보고는 얼굴이 붉게 물들어 대답했다.

"이 꽃은 저희 집안에서 대대로 기르는 꽃입니다. 마침 부처님이 오신다기에 공양을 드리러 가는 길입니다."

선혜는 바로 이 꽃이 자신이 찾는 것이라 확신하고 처녀에게 부탁했다.

"무리한 부탁인 줄은 알지만 이 꽃을 제게 주실 수 없겠습니까? 제가 가진 것이 없는 수행자라 그 값을 치를 만한 물건이나 돈이 없습니다. 하지만 이 꽃이야말로 부처님께 바치기에 적당한 공양물인 것 같아 부탁드리오니 부디 이 꽃을 제게 주십시오."

잠시 생각하던 처녀는 선혜에게 의외의 제안을 했다.

"이 꽃을 다섯 송이만 드리지요. 대신에 조건이 있습니다. 저의 배필이 되어주신다고 약조하시겠습니까?"

선혜는 고개를 저으며 대답했다.

"저는 깨달음을 얻기 위해 수행하는 사람이라 결혼할 마음이 없습니다.”

그러자 처녀는 웃으며 말했다.

“알고 있습니다. 그러니 이번 생 말고 다음 생에 저와 부부의 연을 맺겠다고 다짐해주시면 이 꽃을 드리겠습니다.”

선혜는 처녀의 말에 승낙했고, 곧바로 처녀와 함께 부처님이 계시는 곳에 나아가 꽃 공양을 바쳤다. 그리고 선혜는 부처님에게서 다음 생에는 꼭 부처가 된다는 수기를 받았다.

수기를 내린 후 부처님이 발걸음을 옮기려는데 그곳엔 진흙탕이 있었다. 선혜는 조금도 망설임 없이 자신의 긴 머리를 풀어 진흙길 위에 덮어서 부처님이 발을 더럽히지 않고 길을 지나갈 수 있게 만들었다.

여기서 수기를 내린 부처님은 과거불인 연등불이고, 선혜는 수기대로 다음 생에 석가모니 부처님으로 정각(正覺)[45]을 이루었다. 또 선혜와 언약을 맺은 그 처녀는 다음 생에 싯다르타의 아내인 야소다라로 태어났다.

---

45 여래를 부르는 열 가지 명칭 가운데 하나로 등정각(等正覺)의 줄임말입니다. 붓다는 세계의 실상(實相)을 깨달아 다시는 생사윤회하지 않는 지혜를 얻었으므로 정각이라 합니다.

연꽃은 어떻게 피어나는가

이 이야기는 『과거현재인과경』에 나오는 석가모니의 전생담입니다. 이야기에 등장하는 꽃은 말할 것도 없이 연꽃입니다. 연꽃은 불교를 상징하니까요. 사찰에 가면 곳곳에 연꽃이 넘쳐납니다. 일단 사찰의 영지(影池)에 연꽃들이 아름답게 피어 있고, 마당에 서 있는 석등이나 탑에 새겨진 문양도 연꽃 모양입니다. 법당으로 들어가면 불상이 놓인 좌대(연화좌)에는 위로 향한 연꽃(앙련)과 아래로 향한 연꽃(복련)이 새겨져 있고, 불상 뒤에 있는 탱화를 보면 부처님과 보살들이 연꽃을 들고 있거나 타고 있습니다. 게다가 초파일이라도 되면 연꽃 모양의 연등이 하늘을 뒤덮습니다. 하다못해 사찰의 문이나 돌로 만든 식수대만 살펴보아도 연꽃 문양이 새겨져 있습니다. 불자들에게 연꽃과의 인연은 죽어서도 이어집니다. 중생이 아미타불이 있는 극락에 왕생할 때 바로 극락의 연꽃 속에서 새롭게 탄생하게 됩니다. 인당수에서 목숨을 버린 심청이 연꽃에서 다시 태어나 새로운 삶을 사는 이야기가 어디서 빌려온 소재인지 알 수 있을 겁니다.

그런데 왜 하고많은 꽃 중에서 연꽃만이 불교를 상징할까요?

먼저 '진흙 속에서 핀 연꽃'이라는 말에서도 알 수 있듯이 연꽃은 주변의 더러움 속에서도 거기에 물들지 않고 자신의 깨끗함을 지키기 때문입니다. 이를 처렴상정(處染常淨: 더러운 곳에 처해서도 항상 깨끗함)이라고 합니다. 불교에서 연꽃과 비슷한 존재가 보살입니다. 보살은 오염된 세속을 수행 무대로 삼고 중생의 고통을 기꺼이 함께 짊어집니다. 그렇지 않으면 수행과 교화가 불가능하기 때문입니다. 지장보살의 경우에는 일부러 지옥에서 지옥중생들과 함께하면서 그들을 깨달음으로 인도합니다. 앞의 이야기에서 선혜가 처녀와 혼인을 맺고도 수기를 받은 것은 불교의 수행자는 마치 연꽃처럼 꼭 세속의 환경을 벗어날 필요가 없다는 것, 즉 그 마음이 있는 곳이 어디인가가 더 중요하다는 상징입니다.

두 번째 이유는 꽃과 열매가 '동시'에 피고 맺히기 때문입니다. 이를 화과동시(花果同時: 꽃과 과실이 동시에 발생한다)라고 합니다. 연은 꽃이 피면 연밥이라는 과실이 그 속에 자리 잡게 됩니다. 이것을 단순히 불교가 원인과 결과를 중요하게 여겼기에 연꽃이 불교를 상징한다고 해석하면서 그치는 경우가 많은데, 여기서 주목해야 할 것은 '동시'라는 말입니다. 불교에선 어떻게 원인(꽃)과 결과(과실)가 동시에 일어나게 될까요? 이를 이해하기 위해서는 『화엄경』의 독특한 세계를 간략하게나마 이해할 필요가 있습니다. 이 부분은 다소 어렵습니다.[46]

흔히 보살이라고 하면 아래로는 중생을 제도하면서 위로는 깨달음을 향해 점차적으로 나아가는 존재를 말합니다. 『화엄경』에도 보살이 부처가 되기 위해 밟아가는 42개의 순차적 수행 단계가 나옵니다. 42개의 수행 계위는 아래로부터 위로 한 계단씩 밟아 올라가는 수행을 의미합니다. 그런데 화엄사상은 기존의 불교사상과는 다른 아주 독특한 입장을 취합니다. 보살은 본격적인 42개의 수행 계

---

46 『화엄경』을 바탕으로 하는 화엄사상은 웬만한 불교 교리를 알고 있다고 하더라도 이해하기 어렵습니다. 사미 또는 사미니의 신분으로 강원(講院)에서 4년간 불교를 배우는 승려들의 경우에도 다른 것을 먼저 배우고 마지막 4학년 대교반에 접어들어서야 비로소 펼치는 것이 『화엄경』입니다. 예전 절집에서는 출가한 지 10년이 되지 않으면 『화엄경』을 보지도 못하게 했습니다. 그렇게 공부한 승려들마저도 이해하기 힘들다고 푸념하는 것이 『화엄경』입니다. 그러니 이 짧고 거친 이야기가 어렵게 느껴지는 것은 당연합니다. 하지만 『화엄경』과 화엄사상은 신라 이래로 한국 불교사와 사상의 중추를 이루어온 것으로, 화엄을 모르고선 한국 불교를 알기 어렵다고 해도 과언이 아닙니다. 최근에 서양철학 · 사회복지 · 여성학 · 경제학 등 타 학문의 학자들까지 화엄사상을 끌어다 자신의 분야에 적극적으로 연결시키고 있는 것은 반가운 일입니다.

위가 시작되는 초발심주, 즉 깨달음을 얻겠다고 처음 발심(發心: 깨달음을 이루겠다는 마음을 내는 것)을 하는 순간 문득 깨달음을 이룰 수 있다고 합니다. 이를 의상은 『화엄일승법계도』의 「법성게(法性偈)」에서 '초발심시변정각(初發心時便正覺: 처음 발심으로 정각을 이룬다)'이라는 말로 표현하고 있습니다. 이럴 거라면 대체 『화엄경』에서 42계위는 왜 펼쳐놓은 것일까요?

일반적으로 보살의 수행이 부처에 이르기 위한 원인이라면 부처는 보살 수행의 결과에 해당합니다. 그런데 화엄에서는 보살이 초발심주(42계위 가운데 가장 아래 계위)의 단계부터 부처가 되었으니 나머지 수행들은 부처가 되기 위한 원인으로서의 보살의 닦음이 아니라 결과(부처)로서의 행위로 전환됩니다. 이후에 보살이 닦아나가는 보살행은 겉으로는 부처가 되기 위한 수행으로 보이나 실은 수행 하나하나가 모조리 부처로서의 행위가 되는 것입니다. 이처럼 보살의 수행(원인)이 동시에 부처(결과)의 행위로 나타난다는 것이 『화엄경』만의 독특한 사상입니다. 다시 말해 원인과 결과가 동시에 발생하고(인과동시) 원인과 결과가 분리할 수 없게 서로 얽혀 있다(인과교철)는 것인데, 의상은 『화엄일승법계도』에서 다시 이를 "아버지와 아들이 한날한시에 태어난다"라는 말로 표현합니다. 『화엄경』에 수많은 보살들이 등장하지만 『화엄경』을 보살의 수행을 담은 경전으로만 보지 않고 부처의 깨달음을 직접적으로 드러내는 경전(개현경)이라 말하는 이유도 여기에 있습니다.

따라서 영화나 소설로 만들어져 우리에게 꽤나 익숙한 『화엄경』

의 선재동자가 법을 구하기 위해 53명의 선지식을 만나며 순례하는 것을 선재가 깨달음을 이루기 위해 돌아다니는 수행으로 이해하기보다는 이미 발심해서 부처가 된 선재동자가 오직 중생을 깨달음으로 이끌기 위해 53명의 선지식을 일부러 만나며 법을 묻고 다니는 것으로 이해하는 것이 화엄의 세계를 올바르게 이해하는 길입니다. 이처럼 원인과 결과가 순차적으로 오거나 끊어져 있는 관점이 아니라 '인과동시'라는 화엄의 원융한 시각으로 다른 경전의 사상을 살펴보자면, 지장보살의 "지옥중생이 한명도 남지 않을 때까지 성불하지 않겠다"는 서원은 "나는 이미 성불했지만 보살의 모습으로 지옥중생을 끝없이 제도하겠다"로 이해할 수 있습니다.

이러한 화엄의 인과동시는 보살뿐만이 아니라 발심한 중생에게도 해당되며, 우리가 이미 부처로 존재하고 있다는 긍정적인 메시지와 연결이 됩니다. 중생일지라도 오직 발심하기만 한다면 더하거나 뺄 것 없이 모든 것이 그대로 부처의 행위가 되는 것입니다. 그러니 구태여 세속과 동떨어진 초월적이고 청정한 부처의 세계를 상정할 필요가 없습니다. 화엄의 연화장 세계(연꽃으로 장엄된 세계)는 바로 이 땅 위에 펼쳐져 있습니다. 하지만 현상적으로 이 혼탁한 세계에서 번뇌와 욕망에 찌들어 살고 있는 우리가 곧바로 부처는 아닙니다. 따라서 이곳을 청정한 부처들의 세계로 만들라고, 아니 이미 부처들의 세상이니 어서 눈을 뜨고 자신의 본연의 모습인 부처답게 연꽃답게 살아보라는 실천적 요청이 『화엄경』의 가르침이자 연꽃의 인과동시가 지닌 깊은 의미입니다.

14
앎과 수행

우리가 서 있는 곳은
안전한가

중국 당나라 때 백낙천은 문장에 조예가 깊어 당
송팔대가로 불린 이름난 천재 시인이자 학자이다. 그는 유학자였
지만 평소에 불도를 숭상하는 마음을 지니고 있어 이름난 승려들과
두루두루 교유했다. 그가 태수라는 벼슬을 받고 항주에 도착하자마
자 아전들을 불러놓고 가장 먼저 물은 것이 그 지방의 유명한 승려
였다. 항주의 아전들은 하나같이 조과 선사를 추천했다. 조과라는
말을 들은 백낙천은 고개를 갸웃거리며 물었다.

"조과(鳥窠)라면 새 둥지를 말하는 것이 아니냐? 그 스님은 어찌
해서 그런 이름으로 불리느냐?"

우리는 '꼭 필요한 것 이상'으로 더 높은 지위와 더 큰 부를 지니기를 갈망하면서 그래야 이 세상을 살아가는 데 안전하다고 변명합니다. 하지만 '안전'이라고 말하는 이면에는 세상과 사람을 맘껏 지배하려는 어긋난 욕망이 숨어 있습니다. 〈합천 해인사〉

"그 승려의 이름은 본래 도림(道林)이온대, 높은 나무 위에 앉아서 선정을 즐겨 사람들은 그를 조과 선사라 부르고 있습니다."

그 말에 호기심이 생긴 백낙천은 즉시 조과 선사를 찾아 나섰다. 듣던 대로 조과 선사는 높은 소나무 위에서 자리를 잡고 반쯤 눈을 감은 채 위태롭게 꾸벅꾸벅 졸고 있었다. 당대의 천재라는 칭송을 귀에 못이 박히도록 들어온 백낙천의 눈에 조과 선사는 그저 기이한 것을 좋아하는 나이 많은 승려로밖에 보이지 않았다. 백낙천은 조과 선사를 만나기 위해 먼 길을 달려온 것을 후회했지만, 이왕 온 길이니 말이나 섞어봐야겠다는 생각으로 나무 아래에서 한참을 거닐며 조과 선사가 잠에서 깨기를 기다렸다. 백낙천이 슬슬 지루함을 느낄 무렵 나무 위에서 조과 선사의 나지막한 목소리가 들렸다.

"그대는 누구시기에 그 아래에서 서성거리는 것이오?"

"스님이 도가 깊으시다는 소문을 듣고 불법의 정수를 묻고자 달려온 항주 태수 백낙천이라 하오."

"그대가 헛소문을 들은 모양이오. 이 늙은이에게 불법의 정수 따위는 없소. 괜히 헛걸음을 하신 듯싶구려."

백낙천은 태수인 자신을 무시하는 듯 보이는 조과 선사의 태도에 발끈해서 말했다.

"어허, 그나저나 나이 드신 스님이 어떻게 그리 높은 나무 위에서 지내신단 말이오? 제자나 후학들이 스님이 떨어질까 노심초사해서 어디 밥술이나 제대로 뜨고, 눈이나 제대로 붙이겠소? 기이한 행동으로 괜히 사람들을 현혹하고 고생시키는 짓은 그만두고 안전한 땅으로 내려오시는 게 어떻겠소?"

조과 선사는 표정 하나 바꾸지 않고 찬찬히 말했다.

"땅에서 생활하며 명리와 모함이 그득한 벼슬길에 나온 그대보다는 이 나무 위에서 생활하는 내가 더 안전할 것 같은데, 그대 생각은 어떻소?"

조과 선사의 말에 말문이 막힌 백낙천은 옷깃을 여미며 진심으로 다시 물었다.

"스님, 저는 스님에게 불법을 듣고자 먼 길을 달려왔습니다. 제게 불법의 대의를 한 말씀만 들려주소서."

그러자 조과 선사는 빙긋 웃으며 말했다.

"아무리 작은 악일지라도 짓지 말고, 모든 착한 일을 다 행하라. 그렇게 스스로 마음을 깨끗이 하면 이것이 바로 부처님의 가르침이다(諸惡莫作 衆善奉行 自淨其意 是諸佛敎)."

불교에 처음 발을 들인 사람이라도 알 만한 아주 흔하고 평범한 게송이었다. 백낙천은 크게 실망해 조과 선사에게 말했다.

"스님, 그건 세 살 먹은 아이도 아는 말이로군요."

조과 선사는 예상했다는 듯 껄껄 웃으면서 말했다.

"그렇지요. 세 살 아이도 아는 말이지만, 팔순 노인도 실천하기엔 어려운 말이라오."

백낙천은 크게 느낀 바가 있어 이후 148명의 가까운 사람들과 '상생회(上生會)'라는 모임을 만들어 아미타불의 명호를 부르며 좌선

하여 서방정토[47]에 왕생하기를 기원하며 수행했고, 말년엔 벼슬자리를 내놓고 18년 동안 향산에 머물면서 스스로 향산 거사(香山居士)라 칭하며 인생을 마무리했다.

---

47 아미타불이 살고 있다는 정토로, 서방극락정토라고도 합니다. 여기서 중요한 점은 서방정토에 태어난다고 해서 모든 것이 영원히 결정되거나 끝나는 것은 아니라는 것입니다. 서방정토에 왕생한 중생들은 여기서 다시 깨달음을 얻기 위해 수행해야 합니다. 이곳에서 아미타불과 보살들의 설법을 직접 들으며 깨달음을 위한 수행을 하니 육도에 속하는 인간계나 천상계에 비해 수행하고 깨달음을 얻기에 매우 유리한 곳이긴 합니다. 좋은 스승과 조력자가 있으니까요. 하지만 극락이 궁극적인 종착지는 아닙니다. 이 점이 바로 불교의 극락과 기독교의 천국을 가르는 핵심입니다. 불교의 궁극적 목표는 어디 좋은 곳에 나는 것이 아니라 깨달음을 얻어 다시는 태어나지 않는 것(윤회하지 않는 것)입니다.

아는 것과 사는 것

조과 선사의 일화를 최근 한국의 현실에 빗대어 말한 승려가 있습니다. 바로 천성산 터널 공사 반대 운동으로 세간의 주목을 받은 지율 스님입니다. 지율 스님은 2011년 당시 여성의 몸으로 35미터 고공 크레인 위에서 309일간 지내며 부당한 정리해고에 맞서고 있던 노동자 김진숙 씨를 두고 이런 말을 했습니다.

"네, 이제 그만 내려오라고 말하고 싶습니다. 그런데 선뜻 그런 말을 못하겠어요. 왜냐하면, 지금 우리가 서 있는 크레인 아래인 이곳도 안전하지 않기는 마찬가지인 것 같아서요. 김진숙 씨가 서 있는 크레인 위와 지금 우리가 서 있는 이곳 중 어디가 더 위험한가요? 우리가 알지 못할 뿐이지 사실은 지금 우리가 서 있는 이곳이 훨씬 더 위험합니다."[48]

지율 스님의 날카로운 안목과 깊은 뜻이 담긴 말은 그냥 개인의 재치로 나온 것이 아니라 대대로 전승되는 불교적 가르침과 문화에

---

48 〈프레시안〉 2011년 7월 6일 인터뷰 기사.

깊이 영향을 받았기에 가능한 것입니다.

흔히 조과 선사가 말한 '제악막작 중선봉행 자정기의 시제불교'(諸惡莫作 衆善奉行 自淨其意 是諸佛敎)의 4구를 칠불통게(七佛通偈)라고 합니다. 석가모니 부처님을 포함해 석가모니가 등장하기 전의 과거세에 이 세상에 와서 깨달음을 성취했던 일곱 명의 부처님이 모두 이 게송을 불교의 기본으로 삼았다는 말입니다. 그런데 이 가르침은 불교만의 것이라 하기에는 너무 일반적인 내용입니다. '죄짓지 말고, 착한 일 많이 하고, 마음을 맑게 써라'라는 말은 꼭 불교를 믿지 않더라도 우리가 늘 듣고 배워왔던 말입니다. 이름난 승려들을 수집품 모으듯 만나 불교에 관한 수많은 어렵고 고상한 이야기를 나누어왔

던 백낙천의 입장에서는 이런 이야기가 어린애들 장난에 불과했을 겁니다.

그런데 균열은 여기서 발생합니다. 백낙천이 불도에 관심을 보이면서 한 일이라곤 불교가 지닌 심오한 이치를 입으로 떠들면서 자신의 지적 허영을 충족시킨 것이었지 어린아이도 아는 기본적인 앎을 한번이라도 제대로 실천하거나 수행으로 삼은 적이 없었다는 점입니다. 그렇다면 조과 선사의 말은 아는 것과 사는 것은 별개의 것이라는 세간의 상식을 뒤엎고, 아는 것과 사는 것이 둘이 아니며 명확히 분리되어 운용되어서는 안 된다는 엄연한 진리를 강조하고 있는 것입니다. 『사랑의 기술』로 친숙한 사상가 에리히 프롬은 다음과 같이 말합니다.

꽃을 사랑한다고 말하면서도 꽃에 물을 주는 것을 잊어버린 여자를 본다면 우리는 그녀가 꽃을 사랑한다고 믿지 않을 것이다. 사랑은 사랑하고 있는 자의 생명과 성장에 대한 우리의 적극적 관심이다.

아는 것과 사는 것에 대한 더 직접적인 언급은 한 인도 철학자의 글에 잘 표현되어 있습니다.

인도인들에게는 철학적 지혜가 지적 탐구 자체를 위한 것이 아니라는 것이다. 아무리 그의 지식과 학문이 위대할지라도 이기심과 탐욕에서 벗어나지 못하고, 고귀한 심성, 평온한 마음, 보편적인 견해라는 적극적 덕성을 갖지 못하는 한 인도 문화 속에선 철학자로 존중받지 못한다. 요컨대 철인의 생활양식은 대중들의 그것과 달라야 한다. 중국이나 한국, 일본의 전통 속에서도 철학자에 대한 유사한 이미지가 발견된다. 그래서 불교 철학자는 생각이나 말, 혹은 행동으로 생명을 해쳐선 안 된다.[49]

결국 지식을 업으로 삼고 그것을 자랑으로 삼아온 백낙천과 같은 지식인이 자신이 쌓아왔던 지식이 집착에 가득 찬 지식 쪼가리일 뿐이라는 참담한 진실과 마주치게 되었을 때 받았을 충격은 우리가 상상하는 것 이상이었을 것입니다.

그래서 불교를 믿는다고 할 때 신앙보다는 신행(信行)[50]을 강조하는 것입니다. 믿음이란 누군가를 의지하고 우러르는 것으로 끝나지 않고 가르침에 따라 그것을 행동으로 옮길 때 비로소 완성되는 것입니다. 제대로 믿고 확실히 알게 되면 행동은 자연스럽게 따라오게 됩니다. 아는 것과 행동하는 것이 분리되었다는 것은 먼저 그 앎에 대한 체득이 사무치지 않기 때문입니다. 불교에서 앎과 수행은 결코 분리될 수가 없습니다. 그러니 앎과 삶을 분리하기 이전에 자신의 앎이 온전한가부터 점검할 필요가 있는 것입니다. 불교에서 안다는 뜻은 곧 실천하고 있다는 말입니다.

---

49 R. 뿔리간들라, 이지수 옮김, 『인도철학』(민족사, 2006).
50 믿고 그 믿음에 따라 행동하는 것.

소의 멍에를 수레에 달고 만약 수레가 가지 않는다면
소를 때려야겠는가, 수레를 때려야겠는가?

_ 남악 회양 선사

15
마음의 거처

스스로에게 귀의할 뿐

신라 진덕여왕 때 경주에 진씨 가문의 광세라는 아이가 살았는데, 그는 다섯 살에 불국사의 원정 선사를 스승으로 출가해서 부설이란 법명을 얻었다. 이후 부설은 성장해 도반인 영희, 영조와 함께 구도의 여정에 올랐다. 셋은 지리산을 돌아 변산반도에 머물며 10여 년간 세속과 인연을 끊고 수도하다가 더 높은 경지를 구하러 문수보살의 도량인 오대산으로 가기로 결심했다. 그들은 오대산으로 향하다 김제에 사는 구무원이라는 신심이 깊은 신도의 집에서 하룻밤을 묵게 되었다. 구무원은 승려들을 매우 반기며 귀하게 모신 뒤 간절히 법문을 청했다. 그 바람에 그들은

부설 거사 이야기에는 재가불자를 세간(속세)으로 규정하고 출가한 승려를 출세간(속세를 벗어난 성스러움)이라 구분 짓는 이분법 또한 하나의 집착일 뿐이라는 대승불교의 사유가 담겨 있습니다. 부설 거사에게는 월명과 등운이라는 딸과 아들이 있었는데, 자녀들이 깨달음을 얻은 이야기[51]도 부설 거사 이야기 못지않게 박진감이 있습니다.

〈서울 개운사, 사진 제공 김동군〉

구무원의 집에서 며칠을 더 지내게 되었다. 구무원에게는 묘화라는 어여쁘고 심성이 반듯한 딸이 있었는데, 부설의 설법을 곁에서 듣고는 그를 흠모하게 되었다. 묘화는 아비 구무원에게 흐느끼며 말했다.

"아버지, 저는 부설 스님이랑 부부의 인연을 꼭 맺어야겠어요. 그분이 제 청을 받아주지 않으신다면 저는 죽고 말 거예요."

딸의 말을 들은 아비는 놀라고 당황해서 깊은 고민에 빠졌다. 그러나 딸이 워낙 요지부동이라 어찌할 도리가 없어 부설을 찾아 엎드려 울면서 청했다.

"스님, 수행자에게 말도 안 되는 부탁이란 것을 알지만 제 여식이 스님을 사모해서 부부의 연을 맺고자 합니다. 제 여식은 헛된 말을 내뱉는 아이가 아닌지라 스님께서 불쌍히 여겨 받아주지 않으시면 곧 이승의 목숨을 버리고 말 것입니다. 부디 스님의 자비로 제 여식을 제도해주십시오."

그 말을 들은 부설은 한동안 잠자코 있다가 조용히 고개를 끄덕였다. 이를 지켜보던 영희와 영조는 놀라서 부설을 말렸으나 부설의 결심은 바위처럼 단단했다. 영희와 영조는 속으로 부설을 비웃

---

51 월명은 자신을 탐하려는 머슴에게 처음에는 보살의 자비로 몸을 허락하게 되었는데 밀회의 횟수가 거듭될수록 월명 자신도 점점 색욕에 물들어가게 됩니다. 그것을 눈치챈 오빠 등운은 월명을 시켜 머슴을 불러낸 후 머슴을 아궁이에 밀어넣고 태워 죽입니다. 그러고는 동생에게 이렇게 말합니다. "우리는 이제 산 사람을 불에 태워 죽이는 죄를 범했다. 이 죄는 무간지옥을 벗어나지 못할 죄다. 이제부터 열심히 정진해서 업보로부터 해탈하든지, 아니면 어영부영 살다가 죽어 죄과를 그대로 받아 무간지옥에 떨어지든지 둘 중 하나다. 자, 어떻게 할 거냐?" 그 후로 오누이는 죽을 각오로 정진을 시작했고, 둘 다 깨달음을 얻게 되었다고 전합니다.

으며 둘이서만 오대산으로 향했다.

이후 부설은 묘화를 아내로 맞아 10년간 살림을 차렸는데, 그사이 등운이란 사내아이와 월명이란 딸아이를 낳았다. 부설은 10년이 지난 후 몸이 아프다고 식구들에게 말한 뒤 집 밖에 별당을 짓고 홀로 기거하기 시작했다. 홀로 지내면서 깨달음을 이루기 위한 정진을 치열하게 해나가기 위해서였다. 그러기를 5년이 지나 부설은 마침내 깨달음을 얻게 되었다.

그 무렵 영희와 영조는 여러 곳을 돌며 스승들에게 도를 묻고 수행을 정진하다가 부설이 있는 곳에 당도하게 되자 문득 부설이 어떻게 살고 있는지 궁금해져서 그를 찾기로 했다. 기억을 더듬어 당도한 곳에서 두 승려를 반갑게 맞은 것은 등운이었다. 등운이 아버지에게 스님들이 찾아왔다고 전하자 부설은 벌떡 일어나 말했다.

"오래된 벗들이 찾아오니 내 깊은 병이 싹 나았구나. 이 모든 것이 그들의 법력이다. 너는 그분들을 극진히 대접해라."

아들은 아버지가 쾌차하자 뛸 듯이 기뻐하면서 두 승려를 아버지가 있는 곳으로 인도했다. 부설은 살갑게 옛 도반들을 맞은 후 아들을 시켜 물이 가득 담긴 병 세 개를 가져오게 했다. 부설은 들보에 물병 세 개를 달아두고 영희와 영조에게 웃으며 말했다.

"청정한 계행을 지키며 수행한 스님들이라 분명 공부가 깊디깊으실 것입니다. 스님들의 법력이라면 분명 저 병을 깨더라도 담긴 물은 그대로 허공에 머물러 있을 것이니 그 경지를 드러내어 이 속인에게 부디 깨우침을 전해주시지요."

　부설의 갑작스런 제안에 문득 자신들의 법력이 궁금해진 영희와 영조는 차례로 나서 작대기로 물이 가득 찬 병을 후려쳤다. 그러나 둘이 후려친 병은 깨지면서 담긴 물이 바닥으로 와락 쏟아져 내렸다. 이를 본 부설이 조용히 나서서 남은 병을 내리치자 물이 쏟아지지 않고 허공에 머물러 있었다. 영희와 영조가 놀라서 부설을 바라보자 부설은 조용히 게송을 읊으며 열반에 들었다.

　눈으로 보는 바 없어 분별이 없고(目無所見無分別)

　귀로 듣는 소리가 없으니 시비가 끊어졌네(耳聽無聲絕是非)

　분별과 시비는 모두 내려놓고(分別是非都放下)

　단지 마음의 부처님을 보아 스스로에게 귀의할 뿐(但看心佛自歸依)

성스러움과 속됨

부설 거사의 이야기는 『삼국유사』에 전해지는데, 내용의 전개나 전달하려는 뜻이 『유마경』과 매우 유사한 구조를 지니고 있습니다. 서로의 상관관계를 파헤치려면 먼저 『유마경』의 내용부터 간략하게 살펴봐야 할 듯싶습니다.

『유마경』에서 유마힐 거사(유마 거사)는 병을 핑계로 누워 있습니다. 병문안을 온 이들에게 대승불교의 바른 가르침을 설법해주기 위해서입니다. 석가모니는 유마 거사의 이런 뜻을 알고 자신의 성문 제자들(석가모니의 가르침을 직접 듣고 수행한 이들) 가운데 가장 뛰어난 10대 제자들에게 차례로 유마 거사에게 병문안 갈 것을 권합니다. 그러나 10대 제자들은 하나같이 난색을 표하며 유마 거사를 찾아가길 거부합니다. 그들은 이전에 유마 거사를 만나 대화하다 톡톡히 망신을 당한 경험이 있기 때문입니다. 석가모니는 미륵보살에게도 권유하지만 그도 슬슬 꽁무니를 뺍니다. 결국 지혜를 상징하는 문수보살에게 권하지만, 믿었던 문수보살조차 다음과 같이 말합니다.

"세존이시여, 그 사람은 말을 건네기가 매우 어렵나이다. 실상의 이치를 깊이 통달하여 법문을 잘 연설하며, (중략) 신통이 자유자재하며 지혜와 방편이 궁극에 이르렀나이다. 하지만 세존께서 명하셨으니 그 뜻을 받들어 그의 병을 위문하겠나이다."

이처럼 어렵게 문수보살이 다른 성문 제자들과 대중을 이끌고 유마 거사를 찾아가 서로 나누는 이야기가 중심이 되는 것이 『유마경』입니다. 문수보살조차 선뜻 만나길 주저했던 유마 거사는 놀랍게도 출가를 한 인물이 아닙니다. 유마 거사는 흔히 말하는 소승불교도, 더 넓게는 머리를 깎고 승복을 입는 출가라는 형식주의가 불교의 핵심이라고 착각하는 이들을 비판하기 위해 설정된 인물입니다. 대승불교의 핵심인 공(空)사상이 이러한 형식주의나 이분법에 머물지 않는다는 것을 보여주는 인물인 셈입니다. 문수보살이 어떻게 몸이 아프게 되었냐고 묻자 유마 거사는 "중생이 병이 나서 나도 병이 났다"고 말합니다. 이는 자신의 깨달음만을 중요시하면서 타인을 제도하지 않는 소승불교도들에 대한 비판인 동시에 대승불교가 추구하는 보살상을 대변하기도 합니다.

대승불교에 접어들면서 육신이 승가에 머무느냐, 세속에 머무느냐의 구분은 그리 문제가 되지 않습니다. 이는 『유마경』과 부설 거사의 이야기에서도 뚜렷이 나타납니다. 육신은 출가했지만 마음은 여전히 세속의 영리를 좇는다면 그것은 진정한 출가가 아니라는 뜻입니다. 반대로 몸은 세속에 있으나 마음은 연꽃처럼 청정하다면 그는 진정한 출가자인 셈입니다. 이런 측면에서 『유마경』에서는 성문 제자인 사리불이 그 귀중한 법문의 자리에 있으면서도 염불보다 잿밥을 생각하자 유마 거사에게 통렬하게 비꼼을 당하는 장면이 나옵니다.

사리불이 법문을 듣다가 속으로 생각하기를 '끼니때가 다 되어가는데 이 많은 보살들이 대체 어디서 밥을 먹을 것인가?' 하고 걱정하자 유마 거사가 그 생각함을 알고 이렇게 말했다.

"부처님의 뜻을 받드는 스님이 어찌 밥 먹을 생각을 섞어서 법문을 들으려 하십니까? 만약 밥을 먹고자 하면 잠깐만 기다리세요. 처음 보는 음식을 드시게 해드리리다."

『유마경』은 또 정토 또한 별다른 곳에 존재하는 것이 아니라 우리의 마음속에 존재한다는 것을 말해줍니다. 마음이 청정해지면 바로 이곳이 정토가 된다는 뜻입니다.

부처님께서 사리불에게 이르셨다.

"사리불아, 나의 불국토가 항상 이렇게 깨끗하건만 중생들을 제도하기 위하여 일부러 여러 가지 나쁜 것이 가득한 부정한 국토를 나타내 보인 것이니 (중략) 사리불아, 만일 사람의 마음이 깨끗해지면 이 국토의 공덕과 장엄함을 보게 되느니라."

그렇다면 마음이란 무엇까요? 몸과 반대가 되는 이분법적인 마음을 의미하느냐면 그렇지 않습니다. 몸과 마음, 심지어 일체의 모든 현상과 사물을 포괄하는 개념으로서의 마음입니다. 불교는 서로가 서로를 의지해 고정적 실체가 없다는 연기법을 기반으로 하기에 이는 당연한 귀결입니다. 따라서 불교는 사람들이 오해하듯 유물론에 반대되는 유심주의로 일관하는 것이 아닙니다. 『화엄경』의 '일체유심조(모든 것은 마음이 지어낸다)'라는 말도 결국 단순한 심리 현상을 의미하는 것이 아니라 온 우주 법계를 포함하는 마음을 지칭하는 것입니다. 그런 마음이라야만 그 마음이 청정해질 때 세상이 정

토가 되는 것입니다. 그 마음을 지니는 것은 부설 거사의 열반게(열
반 게송)처럼 분별과 시비를 접어두고 자신의 부처(청정함, 본성)에게
귀의할 때만이 가능한 것입니다.

　이처럼 부설 거사의 벽화야말로 몸이 속해 있는 곳으로 깨달음
의 증표를 삼는 것이 아니라 마음이 속한 곳으로 열반을 가늠하는
대승불교의 정신이 잘 녹아 있는 그림이라 하겠습니다.

중도적 수행

설산동자와 나찰

먼 옛날에 눈 덮인 히말라야의 산그늘로 들어간 소년이 있었는데, 사람들은 그 소년을 설산동자(雪山童子)라 불렀다. 소년이 원한 것은 또래의 아이들처럼 장난감이나 부모의 관심이 아니라 생의 괴로움에서 벗어날 수 있는 깨달음이었다. 그런데 당시 인도의 신들 가운데 하나인 제석천이 소년의 모습을 보고선 그의 발심을 한번 시험해보기로 했다. 제석천은 사람을 잡아먹는 무시무시한 나찰의 모습으로 변해서 소년에게 조용히 다가섰다. 그러고는 모깃소리로 선정에 든 소년의 귓가에 대고 이렇게 속삭였다.

"꽃은 피면 지고, 사람은 나면 죽기 마련이네. 이 허무한 법칙은

설산동자의 구도와 관련된 벽화는 전국의 사찰에 거의 빠지지 않고 그려져 있어 흔하게 볼
수 있습니다. 이와 비슷한 것으로 승려가 절벽 위에서 발끝을 세우고 아슬아슬하게 서 있는
벽화도 있습니다. 일명 '백척간두 진일보'로, 도를 구하려면 가파른 절벽 위에서 목숨을 걸고
허공을 향해 한 걸음 더 내딛는 치열한 정신이 있어야 함을 의미합니다. 〈합천 해인사〉

생명이 있는 것의 피할 수 없는 운명이로다."

소년은 이 말을 듣는 순간 고개를 돌렸다. 눈에 들어온 것은 피 묻은 입술을 씰룩거리는 나찰이었지만 소년은 침착하게 물었다.

"어디서 그런 귀한 게송을 얻으셨나요? 나머지 게송이 무엇인지 말해주실 수 있어요?"

나찰은 시큰둥하게 말했다.

"몰라. 배가 하도 고파서 나도 모르게 헛소리가 나왔어."

"그러지 말고 나머지 게송을 저에게 알려주세요."

"너는 지혜를 구하고자 하는 욕심만 가득하지 배고픈 나찰의 사정은 아랑곳하지 않는군."

"혹시 사람을 먹나요?"

"그래, 내가 먹는 건 사람의 더운 살과 피지. 그런데 그건 왜 물어?"

"만약에 나머지 게송을 알려주시면 제 몸을 드릴게요."

"하하, 어린놈이 철이 없어서 말은 잘하는군. 어디서 함부로 목숨을 주느니 마느니 하는 거야?"

"탐욕과 욕망에 휩싸여 자신이 무엇 때문에 사는지도 모른 채 그렇게 나이만 먹기는 싫어요. 그러다 결국 죽으면 또 윤회의 굴레에 얽매여 또 다른 육신으로 태어나겠죠? 저는 쉽게 깨지는 육체라는 질그릇을 내어주고 대신에 깨달음이라는 금강석으로 바꾸려 해요."

"허, 맹랑한 꼬마로군. 좋아, 그렇다면 내가 나머지 게송을 말해

주지. 그럼 너도 내게 목숨을 바쳐야 해. 난 지금 몹시 배가 고프니까."

소년이 고개를 끄덕이자 나찰은 곧이어 나머지 게송을 읊었다.

"그러나 나고 죽음이란 애초에 없음을 깨달아 안다면 적멸의 기쁨을 얻으리라."

순간 마음이 평화와 기쁨으로 가득 차오른 소년은 나찰에게 자신의 죽음을 조금만 늦춰 달라고 애원했다. 나찰은 가소롭다는 표정으로 물었다.

"네 녀석도 별것 아니군. 왜 이제 마음이 바뀌어서 살고 싶냐?"

"그게 아니에요. 제가 얻은 걸 사람들에게 알려주고 싶어요. 그러니까 반나절만 시간을 주세요."

나찰의 허락을 얻은 소년은 주변 산을 부지런히 돌아다니며 나찰에게 얻은 게송을 수많은 나무에 새기고 바위에 써놓았다. 그렇게 반나절이 지나 소년은 편안한 마음으로 까마득한 절벽에 올라서서 아래에서 자신을 기다리는 나찰에게 몸을 던졌다. 소년의 몸이 바닥에 으깨어질 찰나, 나찰은 제석천의 모습으로 돌아와 소년을 받아서 지상에 내려놓고 경배했다.

"당신은 다음 생에 이 깨달음으로 인해 수많은 중생을 구하게 될 것입니다. 당신의 발심을 시험하려 했던 저를 용서하옵소서."

그 소년은 다음 생에 석가모니로 불렸고, 소년이 산과 나무에 써놓은 것이 바로 『열반경』의 무상게(無常偈)였다.

모든 것은 영원하지 않으니(諸行無常)

이것이 바로 생멸의 법칙이네(是生滅法)

그러나 나고 죽는 일마저 사라져버린다면(生滅滅已)

적멸의 기쁨을 누리리라(寂滅爲樂)

어떻게 미칠 것인가

불교 문헌 중에는 불전 문학에 속하는 『자타카』(jataka: 태어남에 대해)
가 있습니다. 보통 '본생담(전생 이야기)'으로 번역이 되는데, 기원전
3~4세기에 성립된 것으로 추정됩니다. 『자타카』는 석가모니 부처
님이 깨닫기 전에 보살로 수행하던 전생들을 당시 인도에 전승되던
민간설화를 빌려서 편찬한 것으로, 비슷한 내용의 이야기가 힌두교
나 자이나교 등 다른 인도 종교의 문헌에 나타나기도 합니다. 석가
모니의 전생 이야기가 등장한 이유는 인도의 윤회사상에 기반을 두
고 있습니다. 평범한 사람들에겐 석가모니가 출가한 지 6년 만에 깨
달음을 얻었다는 사실이 쉽사리 믿어지지 않았습니다. 석가모니가
분명 수많은 전생을 살면서 수행과 보살행을 쌓아왔기에 이번 생에
서 그토록 빨리 깨달음을 얻을 수 있었다고 생각하게 됩니다. 그래
서 『자타카』에는 석가모니가 전생에 배고픈 호랑이를 위해 자신의
몸을 던진 이야기, 토끼로 태어났을 때 다른 사람의 배를 채워주기
위해 스스로 장작불에 들어간 이야기 등 보살로서 보시와 인욕을
행한 전생담들이 등장합니다. 설산동자의 투신 이야기도 『자타카』

에 나오는 내용인데, 대승 경전인 『열반경』에도 이 이야기가 실려 있습니다.

이 이야기에서 흥미로운 부분은 나찰이 소년의 귀에 대고 불교의 진리를 속삭이자 소년은 과감히 자신의 몸을 희생하여 그 진리의 전부를 구하려고 했다는 것입니다. 마치 공자가 "아침에 도를 들으면 저녁에 죽어도 좋다"라고 말한 것과 일맥상통합니다. 진리를 위해서 자신의 목숨을 초개같이 내던지는 태도는 분명 일상을 살아가는 사람들의 모습은 아닙니다. 하지만 이러한 결기 없이는 쉽사리 구해지지 않는 것이 도이고 진리이기도 합니다. '미쳐야(狂) 미친다(及)'는 말이 있는데, 어떤 것에 미치지 않고서는 도달할 수 없다는 뜻입니다. 그런데 미치는(狂) 것도 그냥 미쳐서는 안 되고 나름의 방향과 방법이 필요합니다. 무작정 미친다고 해서 어떤 것에 도달하는 것은 아닙니다. 바다 한가운데서 방향도 모른 채 무작정 열심히 노를 젓는다고 육지에 도달할 수 있는 것은 아니듯이 말입니다.

석가모니는 출가 전 아내와 자식을 둔 가장이었지만 인생의 무상함을 느끼고 이것을 어떻게 극복할 것인지의 문제에 미쳐 있었습니다. 그래서 가족과 집을 버리고 나와 세상을 떠돌아다니며 수행하는 사문이 됩니다. 인간이라면 누구나 피해갈 수 없는 생로병사의 문제를 해결하기 위해 스승들을 찾아다니며 가르침을 받기도 하고 자신의 몸을 학대하는 수행을 하기도 합니다. 음식을 끊고 육체를 끊임없이 괴롭힘으로써 영혼의 자유를 바란 것이죠. 그러나 그 가르침들이나 수행법이 궁극적으로 태어나고 죽는 문제를 해결해

줄 수 없음을 알게 되면서 혼자만의 방법으로 수행을 시작합니다. 그것이 바로 중도적 수행입니다. 석가모니는 이 수행법을 악기에 비유해서 말하는데, 악기의 줄이 너무 팽팽해도 소리가 나지 않고, 너무 느슨해도 소리가 나지 않는다고 말합니다. 자신의 육체를 학대하거나 쾌락에 머물게 하는 극단적인 방법으로는 진리를 얻을 수 없음을 깨달은 것입니다. 석가모니는 중도적 수행으로 마침내 깨달음을 얻게 됩니다. 그것은 바로 그가 자유롭길 바라던 자아나 영혼이란건 없다는 연기적 깨달음이었습니다.

그러니 전생담의 이야기는 석가모니가 실제로 행했던 수행 방식과 비교해보자면 극단적일 수밖에 없습니다. 아무리 수행자의 드높은 구도 정신과 공덕을 이루기 위한 행동을 찬양하기 위해서 만들어진 이야기라지만 자칫 진리를 향한 치열함과 열정을 상징적 의미로 받아들이지 않고 그 자체가 종교적 목표가 되면 극단적인 신체 훼손이나 의미 없는 자기희생을 불교라고 오해할 수 있습니다. 대표적으로 한국 근대문학의 거장인 김동리의 「등신불」이란 소설을 보면, 작가는 자신의 몸에 스스로 불을 붙이고 부처님에게 자신을 바친 소신공양의 이야기를 통해서 높은 종교성과 더불어 인간적 고뇌와 비원을 담은 이야기로 승화시키고 있습니다. 소설 속에 나타난 소신공양은 분명 감동을 주는 면이 있습니다. 하지만 이것은 문학적 카타르시스를 위한 장치이지 불교가 추구하는 가르침으로 오해해선 안 될 것입니다.[52] 사실 대부분의 종교가 자기희생을 통한 구원이나 해탈에 가치를 부여하고 있습니다. 특히 '순교'라고 불리는 것들은 종교마다 칭송하고 권장합니다. 하지만 이런 성향이 자꾸 확대되면 자기파멸에 이르는 첩경이 되기도 합니다. 신도들이 영생이나 구원을 얻기 위해 집단으로 음독자살을 하거나 신체를 훼손했던 사건은 바로 우리나라에서도 일어난 일입니다. 인간의 존엄과 신체의 자유를 무시하는 종교적 방법이나 수행에 맞서 저항하는 것이야말로 우리가 원하는 진리에 다다르는 올바른 방법임을 잊어선 안 될 것입니다.

---

52 실제로 중국에는 여러 등신불이 있는데, 승려가 입적한 후에 시신을 그대로 안치하고 개금을 한 것이 주종을 이룹니다. 아마도 김동리는 이러한 중국의 등신불에서 소재를 채용하여 소설의 장치로 소신공양의 등신불을 만들어낸 것으로 보입니다.

우리의 빛들이
아름답게 만나는 길

우리는 지금까지 불교 벽화를 통해 그림에 담긴 이야기들과 관련된 불교적 사유에 대해 살펴보았습니다. 불교와 관련된 여러 이야기들을 나누었으니 불교에 대한 이해가 조금은 더 깊어졌으리라 생각합니다. 그래서 누군가 여러분에게 다음과 같은 질문을 했다고 가정해봅시다.

"그래서 불교가 어떤 것인가요? 설명해주세요."

먼저 저부터 고백하겠습니다. 저는 이 거대한 질문에 제대로 대답할 준비가 되어 있지 않습니다. 제가 아직 불교에 대한 공부와 수행이 깊지 않아서 그렇기도 하지만, 설령 지금보다 불교에 대한 이해가 더 깊어진다고 할지라도 쉽게 대답하기 힘들 것 같습니다.

그렇다면 저는 왜 불교에 관한 책을 쓰게 된 것일까요? 노벨문학상 수상자이자 『백 년 동안의 고독』이란 소설로 유명한 가브리엘 마르케스는 다음과 같이 말했습니다.

"작가는 자신의 이해를 넘어선 어떤 것을 자기 자신에게 설명하려고 책을 쓴다."

마르케스의 말에 빗대어 말하면 저는 이 책을 독자들을 위해 쓴 것이 아니라 제 스스로 불교를 이해하기 위해 쓴 셈입니다. 그래서인지 책을 쓰느라 이것저것 고민하면서 기존에 지니고 있던 불교에 대한 이해와 실천의 폭이 조금 더 넓어졌음을 느낍니다. 하지만 제 자신을 위한 글쓰기가 종국에는 저만의 이익에 머물지 않고 책을 읽는 분들이 불교를 이해하고 실천하는 안목을 키우는 데 보탬이 되었으면 좋겠다는 선한 바람을 가지고 썼습니다. 자신의 이익이 곧 타인의 이익으로 확장되기를 바라는 것은 어쩌면 작가가 지닌 운명인지도 모르겠습니다.

무엇보다도 자신의 이익이 곧 타인의 이익이 되는 자리이타(自利利他)의 삶을 꼽으라면 바로 대승불교의 보살이라 할 수 있습니다.

보살에게는 자신의 이익과 타인의 이익이 각각 따로 있지 않습니다. 불교의 이타적인 삶은 사람들이 오해하듯 자신을 맹목으로 희생해가면서 남의 이익을 도모하는 것이 아닙니다. 그러한 삶은 세간의 칭송을 받을 수는 있겠지만 엄밀하게 보자면 불교가 추구하는 이상도 아니고 보살의 삶도 아닙니다. 자리이타란 자신을 위해서 하는 모든 일이 자연스럽게 타인에게도 이로운 일이 되는 경지입니다. 마치 물이 썩지 않으려고 흘러가다 보면 그 물길을 둘러싼 주위의 모든 것들이 풍요로워지듯이 말입니다.

그러나 보살의 삶이 말처럼 그리 쉬운 길은 아닙니다. 겉으로는 '아름다운 경쟁', '공정한 경쟁'을 내세우거나 부추기지만, 가만히 살펴보면 상대를 젖히고 짓밟아야 무언가를 획득하고 보상받는 자본주의 무한경쟁 체제 아래에서는 남의 실패가 곧 나의 이득이 되어 돌아오는 경우가 허다합니다. 그러한 캄캄한 구조 속에서 매일을 살아가는 우리에게 불교적 이상으로서 타인의 이익이 나의 이익이 되는 보살의 삶을 찾기란 불가능에 가깝습니다.

그렇다면 보살은 어떻게 자신의 이익을 지키면서 동시에 남의 이익이 될 수 있는 삶을 추구할 수 있었던 것일까요? 이런 말은 그저 종교에서 주장하는 꿈같은 망상일 뿐일까요?

자신의 이익이 다름 아닌 타인의 이익이 되는 삶은 결국 지혜의 빛이 있어야 가능한 일입니다. 그 빛은 공부와 실천 수행을 통해서 조금씩 밝힐 수 있는 것이지만, 그렇다고 해서 그 지혜의 빛을 따로 빌려오거나 없던 것을 새롭게 마련해야 하는 것은 아닙니다. 그 빛은 본래 우리들이 저마다 지니고 있는 것입니다. 그런데 그 빛은 이기심에서 비롯한 재물욕, 색욕, 식욕, 명예욕, 수면욕 등의 캄캄한 장막 곧 무명(無明)에 가려져 드러나지 않습니다. 이렇듯 지혜의 빛이 없는 상태에 놓여 있는 사람은 하는 일마다 남을 해치고 악업을 늘리면서 결국 자신과 남을 동시에 고통에 빠뜨리게 됩니다. 이런 사람을 일러 불교에서는 '중생'이라고 하고, 늘 자신의 밝은 지혜의 빛으로 자신을 비추고 남을 밝혀주면서 사는 이를 '부처'와 '보살'이라고 합니다. 결국 자신의 이익이 동시에 타인의 이익이 되는 삶은 앞서 말한 자그마한 이기심에서 비롯한 모든 것을 큰 안목으로 내려놓을 때만이 가능한 것임을 알 수 있습니다.

　이처럼 불교란 중생이 지닌 이기심의 어둠을 걷어내고 자신이 가진 본래의 빛을 밝혀서 당당하고 아름답게 모든 사람과 어우러져 살아가자는 소박한 가르침과 실천 방법입니다. 현재와 자신이 처한 현실을 외면하고 내세나 이상향을 꿈꾸는 것이 아니라 바로 지금 이곳에서 정토를 건설하라고 말하는 지극히 현실적인 종교가 불교입니다. 제게 불교는 그런 것입니다. 그러니 불교라는 것은 핵심이 연기(緣起: 모든 것은 서로를 의지해서 일어나고 사라짐)라는 기치 아래 12연기인 업감연기에서 출발해서 아라야식연기, 여래장연기, 법계연기를 줄줄 외워야 하는 골치 아픈 철학으로 머물러서도 안 되고, 산속에서 문을 걸어 잠그고 숨어서 수행해야 얻을 수 있는 신비로운 깨달음으로 숭배받아서도 안 됩니다. 우리가 살아가는 일상 속에서 마주치는 모든 것이 불교 공부이고 보살의 길을 시험하는 것이라 저는 믿습니다.

하지만 그것은 어디까지나 제가 느끼고 생각하고 실천하는 불교이지 이 책을 읽은 여러분에게 꼭 맞는 불교는 아닐 것입니다. 분명 이 책을 밑거름으로 삼아 저보다 더 훌륭한 관점과 안목으로 불교를 실천하고 새롭게 사유할 분들이 많아지리라 생각합니다. 그렇게 각자가 생각하는 자신만의 불교적 실천을 통해 자신의 길을 환하게 밝혀나가다 보면 이 캄캄한 세상도 언젠가는 환한 지혜의 빛으로 넘쳐나리라 믿습니다. 어쩌면 그때 우리가 깨닫는 것은 이 세상이 오래전부터 빛으로 충만한 세상이었고 우리는 예로부터 이미 부처였다는 사실일지도 모르겠습니다.

길은 늘 밟아나가는 자의 것이고, 지혜는 항시 실행하는 자의 몫입니다.

　　태양은 낮에 빛나고
　　달은 밤에 빛난다.
　　전사는 갑옷 속에서 빛이 나고
　　성직자는 명상 속에서 빛이 난다.
　　그러나 깨달은 이는
　　밤낮으로 어디서든 환하게 빛이 난다.
　　_『법구경』